Stefan Jung

Vaterunser

Das Gebet für alle Lebenszeiten

mediaKern

Meiner Mutter gewidmet –
einer treuen Beterin im Hintergrund

Bibliografische Information der Deutschen Nationalbibliothek
Die Deutsche Nationalbibliothek verzeichnet diese Publikation in der Deutschen Nationalbibliografie; detaillierte bibliografische Daten sind im Internet über http://dnb.d-nb.de abrufbar.

ISBN 978-3-8429-1301-1

Bestell-Nr. 512 1301

Umschlagbilder: Vordergrund: © Gerhard Wanzenböck/Fotolia; Hintergrund: © Jeff Smith/Fotolia
Umschlaggestaltung, Layout, Satz: Ch. Karádi
Lektorat: Dr. Ulrich Parlow
Gesamtherstellung: BasseDruck GmbH, Hagen
Printed in the EU 2011

www.media-kern.de

Stefan Jung · Vaterunser

Inhalt

Die Anmerkungen befinden sich jeweils am Kapitelende.

Vorwort

Egal, ob wir das Gebet von Jesus kennen oder nicht. Es ist ein Gebet mitten aus dem Leben und mitten ins Herz. Ein Gebet voller Leidenschaft und voller Klarheit. Ein Gebet, in das wir unsere ganze Existenz einbetten können. Unsere Klage, wenn wir verzweifelt sind. Das Stöhnen unsrer Seele, die sich nicht trösten lassen will, aber auch den Jubel und die Freude über erfahrene Hilfe und Befreiung. Es ist ein Gebet für den Alltag, aber es liefert uns auch Worte für Nichtalltägliches, für gigantische Umwälzungen in Politik und Kosmos. Ein Gebet angesichts unermesslichen Leidens in der Welt. Und ein Gebet für das ganz Persönliche und Intime. Gibt es ein Gebet, das diesem gleicht?

Das Vaterunser ist ein Text, der auch im digitalen Zeitalter noch nicht gänzlich verschüttet ist. Und doch: Immer weniger Menschen in unserem Land ist dieses Gebet vertraut. Viele begegnen ihm nicht mehr und lernen es auch nicht mehr auswendig. Bei der Trauerfeier für den Ausnahmetorhüter Robert Enke im November 2009 wurde dieses Grundgebet der Christenheit von rund 40.000 Trauergästen im Stadion von Hannover 96 gebetet. Doch Tatsache war, dass nur wenige der 40.000 tatsächlich ins Gebet einstimmten. Außer der Stimme des Geistlichen hörte man kaum etwas.[1] Taugt das Vaterunser nur noch als standardisiertes Ritual für extreme Situationen?

Das Gebet, das Gespräch mit Gott, darf in unserem Land nicht verstummen. Es geht dabei nicht darum, das Vaterunser Wort für Wort nachzusprechen. Es geht um mehr. Es geht darum, Gott zu suchen und unsere Sprachlosigkeit zu überwinden. Wie können wir ehrliche Worte finden, Worte, die in Sprache fassen, was ausgesprochen werden muss? Und andererseits: Wie können wir in Sprache kleiden, was nicht zu beschreiben und auch nicht auszusprechen ist? Das Gebet von Jesus zeigt einen Weg! Es ist ein Gebet für jedes Lebensalter.

Gundelfingen bei Freiburg i. Br., im Juni 2011
Stefan Jung

Anmerkungen

1 Andreas Püttmann, Gesellschaft ohne Gott. Risiken und Nebenwirkungen der Entchristlichung Deutschlands, Asslar 2010, S. 51.

Wenn ihr betet …

Matthäus 6,5–8

Ein bekannter lutherischer Pastor aus den Vereinigten Staaten berichtet, wie er in den frühen Jahren seiner Ehe seiner Frau wehgetan hat. Er hatte Theologie studiert, um Pastor zu werden, doch noch nie hatte er zusammen mit seiner Frau laut gebetet. Es schien ihm irgendwie zu intim. Doch irgendwann kam der Punkt, an dem sein schlechtes Gewissen stärker war als seine Befangenheit. Gut, er würde also mit seiner Frau beten. Eine ganze Weile lagen sie nebeneinander im Bett; jeder wartete, dass der andere anfangen würde. Schließlich nahm er seinen Mut zusammen und sprach ein liturgisches Gebet, so wie er es im Seminar gelernt hatte. Nach einer Pause meldete sich die Stimme seiner Frau. Sie sprach kindlich und klar. Sie redete mit Gott, als ob er dort im Schlafzimmer wäre, und sie befahl ihm ihren Mann an. Darauf fing ihr Mann an zu weinen und sein schlechtes Gewissen verflog.[1]

Beten ist irgendwie kompliziert. Erst recht, wenn uns jemand zuhört – aber auch dann, wenn uns niemand zuhört. Jesus kritisierte die Gebetspraxis seiner Zeit deutlich. Der Evangelist Matthäus überliefert diese Gebetskritik Jesu.

Text: Matthäus 6,5–8
Und wenn ihr betet, sollt ihr nicht sein wie die Heuchler, denn sie lieben es, in den Synagogen und an den Ecken der Straßen stehend zu beten, damit sie von den Menschen gesehen werden. Wahrlich, ich sage euch, sie haben ihren Lohn dahin. Wenn du aber betest, so geh in deine Kammer, und wenn du deine Tür geschlossen hast, bete zu deinem Vater, der im Verborgenen ist! Und dein Vater, der im Verborgenen sieht, wird dir vergelten. Wenn ihr aber betet, sollt ihr nicht plappern wie die von den Nationen; denn sie meinen, dass sie um ihres vielen Redens willen erhört werden. Seid ihnen nun nicht gleich! Denn euer Vater weiß, was ihr benötigt, ehe ihr ihn bittet.

Dieser Text ist eingebettet zwischen zwei Textabschnitte, die ihm sehr ähnlich sind. Es ist also sozusagen ein »Sandwichtext«. Jesus spricht nacheinander drei Dinge an: das Spenden, also das Geben von Geld; das Beten, also das Reden mit Gott; das Fasten, das freiwillige Verzichten auf Nahrung. Jedes Thema behandelt Jesus nach dem gleichen Schema: Mach aus der Sache keine öffentliche Show, egal ob es sich dabei ums Spenden, ums Beten oder ums Fasten dreht. Tu es nicht, um Menschen zu beeindrucken, sondern tu es im Verborgenen, für Gott. Und mach die Sache nicht so, wie es Menschen tun, die Gott gar nicht kennen.

Das ist grob skizziert die Struktur dieser drei Texte.

Jedes Mal schlägt Jesus zu unterschiedlichen Themen die gleichen Orientierungspflöcke ein: keine Show – Konzentration auf die innere Welt – und bitte nicht nach einer Form, die dir andere überstülpen. Wir könnten es auch so formulieren:

1. Mache keine fromme öffentliche Show.
2. Pflege deine verborgene Welt.
3. Passe dich nicht den Vorgaben der Welt an.

Doch bevor wir über diese drei Dinge nachdenken, muss ich noch auf die einleitende Bemerkung von Jesus zu sprechen kommen: *»Wenn ihr betet …«* Warum? Er spielt damit auf die Tatsache an, dass unser Beten keine Selbstverständlichkeit ist. Es gibt eine Menge Menschen, die viel lieber *über* Gott reden als *mit* ihm. Auch wir Christen haben dann und wann diese Tendenz. Wir können lange über irgendwelche Dinge reden, die wir in der Gemeinde tun wollen, und wenn wir dann zu einem Gebetstreffen einladen, in dem wir nicht *über,* sondern *mit* Gott reden wollen, sind wir oft nur ein kleines, mickriges Häuflein.

Wir haben hier also einen Bedingungssatz. Jesus sagt: Wenn ihr also – aus welchen Gründen auch immer – *betet,* dann tappt nicht in diese Fallen.

Wir leben in heftigen Zeiten. Zeiten, in denen es mir schwerfällt, regelmäßig zur Stille zu kommen und ein erfüllendes Gebetsleben zu praktizieren. Oder ist das für uns etwa kein Problem? Dazu kommt das enorme Ablenkungspotenzial der digitalen Welt, dem wir täglich alle mehr oder weniger ausgesetzt sind: Handy, Smartphone, Computer, SMS, E-Mail … Und denken wir daran, wie lange die von Lustexperten produzierten Bilder sich in unserem Gedächtnis festhaken können. Natürlich haben all diese elekronischen Spielzeuge auch ihren Aus-Knopf, aber mir scheint, der wird viel zu selten benutzt.

Ich kenne Christen, die aufgrund ihrer Prägung – überfrommes Elternhaus, gesetzliche Gemeinde oder Ähnliches – jahrelang gegen jegliches geregelte Gebetsleben rebellieren. Der Besuch der Gebetsstunde, das Tischgebet, das Gutenachtgebet, das gemeinsame Gebet im Gottesdienst in kleinen Gruppen: Das alles ist ihnen zu zwanghaft. Sie finden, die Kommunikation mit Gott soll spontan und frei sein. Doch das Ergebnis ist häufig, dass sie selten und mit wenig Befriedigung beten.

Ja, Beter kämpfen mit vielen mächtigen Gegnern, und Jesus kennt die wunden Punkte.

Als Nachfolger von Jesus dürfen wir lernen, dass Spontaneität in unserem Leben und Glauben und nicht zuletzt auch in der Gebetspraxis oft die Frucht von Disziplin ist. Und Disziplin ist eine Form von Spiritualität.

Wer spontan allein oder mit jemandem beten kann, führt wahrscheinlich ein einigermaßen geregeltes Gebetsleben. Denn dann erweist sich die Disziplin der Regelmäßigkeit als ein inneres Reservoir, aus dem spontane Momente des intimen Redens mit Gott fließen können. Es gibt viele Bereiche in unserem Leben, die wir eisern pflegen. Viele von uns rufen jeden Tag ihre E-Mails ab, ganz egal, wo sie sich gerade befinden. Viele treiben regelmäßig Sport oder gehen ins Fitnessstudio. Wir halten unsere Arzttermine ein. Wir setzen uns an den Schreibtisch, auch wenn uns nicht nach Arbeit zumute ist. Und wir denken an unseren Ehepartner, wenn wir allein auf Reisen sind, und rufen ihn jeden Abend an. Beten ist ein Vorrecht und keine lästige Pflicht, aber wie alle schönen Dinge des Lebens erfordert es ein gewisses Maß an Disziplin. Beten ist nicht die Arbeit, die ein Mitarbeiter tut, weil er dafür bezahlt wird, sondern es ist »Beziehungsarbeit«. Es ist viel mehr Freundschaft als Pflichterfüllung.

Und nun zu den drei Punkten, die ich oben genannt habe.

1. Mache keine fromme öffentliche Show

Vers 5: *Und wenn ihr betet, sollt ihr nicht sein wie die Heuchler, denn sie lieben es, in den Synagogen und an den Ecken der Straßen stehend zu beten, damit sie von den Menschen gesehen werden. Wahrlich, ich sage euch, sie haben ihren Lohn dahin.*

Wenn es also tatsächlich dazu kommt, dass wir beten, dann heißt es aufgepasst, dass unser Gebet nicht in eine völlig falsche Richtung abdreht! Jesus leitet diesen Teil seiner Rede mit einer grundsätzlichen Bemerkung ein: Versuche nicht, die Menschen zu beeindrucken. So heißt es in Kapitel 6, Vers 1: *»Habt acht auf eure Gerechtigkeit* [Luther übersetzt mit *Frömmigkeit*], *dass ihr sie nicht vor den Menschen übt, um von ihnen gesehen zu werden, sonst habt ihr keinen Lohn bei eurem Vater im Himmel.«*

»Habt acht auf eure Gerechtigkeit.« Matthäus benutzt das Wort Gerechtigkeit ganz anders als Paulus. Bei Matthäus bedeutet Gerechtigkeit »Gottes Willen tun«. Passt auf, wenn ihr Gottes Willen tun wollt, sagt Jesus, denn da gibt es Fallen, die euch zu Fall bringen können, und dann ist euer Lohn futsch.

Jesus spricht also gleich zu Beginn eine Warnung aus: *»Habt acht!«* Alles Protzen, aller Schein, alles So-Tun-als-ob, jedwedes Aufpolieren, um vor Menschen zu glänzen, bringt dich um den Lohn. Christsein heißt echt werden und echt sein, authentisch. Die Masken ablegen. Nicht mit zwei Gesichtern leben. Das tun die Heuchler, sagt Jesus. Jesus verurteilt nicht das Gebet in der Öffentlichkeit. Er selbst hat vor den Jüngern und gelegentlich auch vor einem größeren Personenkreis gebetet. Aber er hat Probleme damit, dass persönliches Beten öffentlich zur Schau gestellt wird.

Nun beten wir nicht an Straßenecken, wie es hier in unserem Text gesagt wird. Und vermutlich würde man auch eher an unserem Geisteszustand zweifeln, als dass man uns bewunderte. Aber es gibt ja andere Plattformen: Der Gottesdienst, der Gebetskreis, ja dein Hauskreis kann zum »frommen Theater« werden, bei dem die einen etwas darbieten und die anderen zusehen, zuhören, beurteilen und entsprechend Beifall geben oder irgendwie ihr Missfallen zum Ausdruck bringen. Und damit können wir eine überaus wichtige Seite unseres geistlichen Lebens zerstören, nämlich das Gespräch mit Gott. *»Wahrlich, ich sage euch, sie haben ihren Lohn dahin«,* sagt Jesus. Das heißt: Es bringt nichts! Denn Gott antwortet nicht. Ein solches Gebet gilt ja auch gar nicht Gott, denn es richtet sich nur scheinbar an ihn. Und anderen bringt dieses Gebet auch nichts, denn sie sind um das betrogen, was echte Fürbitte für sie hätte bewirken können.

Jesus weist uns hier klar an, nicht wie die Heuchler zu beten, die sich gerne in der Öffentlichkeit produzieren. Und im Gleichnis vom Pharisäer und Zöllner (Lukas 18,9–14) unterstreicht Jesus das noch einmal ganz dick. Denn dem Pharisäer diente sein Gebet einzig, um sich und seine Leistungen in Szene zu setzen. Damit entsprach er exakt jenem Bild, das seine Standesgenossen in der Öffentlichkeit abgaben und das Jesus scharf verurteilt. Einer seiner Kritikpunkte ist ja, dass sie *»zum Schein lange Gebete sprechen«* (Lukas 20,47).

2. Pflege deine verborgene Welt

Wer betet, zieht sich aus der Gegenwart der Menschen zurück und kommt in die Gegenwart Gottes. Er taucht in eine verborgene Welt ein. Jesus spricht in Vers 6 den Einzelnen an; hier geht es nicht um das öffentliche Gebet, sondern um das persönliche Reden mit Gott: *»Du aber, wenn du betest, geh in deine Kammer, und nachdem du deine Tür geschlossen hast, bete zu deinem Vater, der im Verborgenen ist, und dein Vater, der im Verborgenen sieht, wird es dir vergelten.«*

Diese Aufforderung Jesu hat manchen Auslegern Probleme bereitet. Probleme deshalb, weil typische Häuser zurzeit Jesu aus einem Raum bestanden und kein Nebenzimmer hatten, in das man sich zurückziehen konnte.[2] Das häusliche Leben spielte sich in nur einem Raum ab. Doch gab es oft in einer Ecke noch eine Vorratskammer, manchmal war sie auch am Haus oder auf dem Dach des Hauses. Es war der einzige Ort, an dem man allein sein konnte.[3] Die Mehlkammer war der einzige Raum des jüdischen Hauses, der abgeschlossen werden konnte. Wer sich hierhin zurückzog, war im Verborgenen.

Der Gang in das berühmte »stille Kämmerlein«, wie Luther übersetzt, mutet vielleicht wie eine Verengung meiner Welt an. Er erscheint wie ein Rückzug aus der Realität. Doch als ein sehr persönlicher, ja als »intimer Vorgang gehört zum Gebet die Verborgenheit«.[4] Tatsache ist, dass wir beim Beten in eine andere Welt eintreten. In dieser anderen Welt, in der verborgenen Welt Gottes, pulsiert eine Macht, die uns und die Welt, aus der wir uns zurückziehen, nachhaltig verändern kann. Dieser Rückzug hilft uns, unser Herz zu beschützen, unser Inneres abzuschirmen, damit es frei bleibt für Gottes Anliegen. Das Kämmerlein weist uns noch auf einen anderen Aspekt hin: Das Schönste, Größte und Wirkungsmächtigste, was wir als Christen für andere Menschen, für die Welt und für die Öffentlichkeit tun können, ist intensive Fürbitte. Diese Fürbitte geschieht in der verborgenen Welt, sie bleibt verborgen und doch kann sie draußen Ungeahntes bewegen.

Je größer unsere Verantwortung ist, ob in unserer Familie, in der Gesellschaft, an unserem Arbeitsplatz oder in der Gemeinde, desto wichtiger ist ein Ort, an den wir uns zurückziehen können. Dieses Kämmerlein ist die wirkliche Schaltzentrale, hier finden die entscheidenden Gipfelkonferenzen statt. Hier werden die Weichen gestellt.

Ich denke, dass die Apostel in Jerusalem genau an diesen Punkt kamen (Apostelgeschichte 6,4), als sie nach Helfern suchten, um die diakonischen Aufgaben zu bewältigen, wie die Versorgung der Witwen und Waisen. *»Wir aber wollen ganz beim Gebet und beim Dienst des Wortes bleiben«,* sagten sie. Ist es nicht bemerkenswert, was bei diesen so beschäftigten Männern Priorität hatte? Das Gebet und die Verkündigung des Wortes. Sie spürten, dass ihnen die Zeit fehlte, sich zurückzuziehen. Sie vermissten die Zeit zum Gebet. Und diese Situation machte sie unruhig. Prüfen wir doch einmal, ob nicht manche Unruhe in unser Leben gekommen ist, weil wir schon lange nicht mehr im »stillen Kämmerlein« gewesen sind. Warum eigentlich? Glauben wir, dass die Zeit verloren ist, ja dass sie uns am Ende fehlt? Jesus sagt: *»Und dein Vater, der im Verborgenen sieht, wird es dir vergelten.«* Wer den verborgenen Umgang mit Gott pflegt, kann sicher sein, dass Gott ihn beschenken wird. Vielleicht merken das diejenigen, die mit dir zu tun haben, sogar eher als du selber. Gott wird den Ausgleich schaffen. Wie oft habe ich erlebt, dass ich gerade dann in wenig Zeit viel geschafft habe. Wie oft habe ich erlebt, dass Gott Menschen und Situation längst konkret vorbereitet hat, weil ich sie ihm vorher in der Stille anvertraut habe.

Ich habe häufig beobachtet, dass die treusten Fürbitter ältere Leute sind. Warum? Vielleicht sind sie es, weil sie die Vielfalt ihrer Aktivitäten reduzieren müssen, weil ihr Bewegungsrahmen eingeschränkt ist. Es kann aber auch sein, dass ältere Menschen entdecken: Verborgene Fürbitte ist etwas viel Effektiveres als viele Stunden der Aktivität ohne Gebet. Und natürlich haben sie in ihrer Nachfolge gelernt, dass sie sich auf die zuverlässige Kraft Gottes verlassen können. Ich bin dankbar für die älteren Geschwister, die täglich mit Disziplin das tun, was Jesus sagt: in ihre Kammer gehen, die Tür zuschließen und beten – für unsere Gemeinde, für unsere Ältesten, für unsere Kranken, für unsere Familien, für unsere Ehen, für unsere Kinder, für unser Land, für die Mission. Denn indem sie sich – bildlich gesprochen – einschließen, öffnen sie anderen Menschen Räume und schließen verschlossene Türen auf. Denn die, die hinter verschlossenen Türen beten, sind die wahren Türöffner im Reich Gottes! Darum schreibt Paulus auch an die Kolosser (4,2.3): *»Haltet fest am Gebet und wacht darin mit Danksagung und betet zugleich auch für uns, dass Gott uns eine Tür des Wortes auftue.«* Gott tut Türen auf, wenn wir hinter verschlossenen Türen beten. Pflegen wir also unsere verborgene Welt. Ziehen wir uns zurück!

Jesus sagt weiter: *»Dein Vater, der auch in das Verborgene sieht, wird dich dafür belohnen.«* Belohnen heißt: Gott macht mein Leben reich. Nicht unbedingt materiell. Aber er macht mich zu einem Menschen, der etwas zu geben hat; zu einem Menschen, von dem etwas ausgeht, von dem Ströme lebendigen Wassers fließen. Glauben wir das? Leben wir das? Probieren wir es einfach aus! »Fromm sein und beten, das ist eigentlich eins und dasselbige«, hat Friedrich Schleiermacher gesagt,[5] und ich denke, er hat recht.

3. Passe dich nicht den Vorgaben der Welt an

Wie das Gebet der Heuchler, so ist auch das Gebet der Heiden vor Gott kein gültiges Gebet. Vers 7–8: *»Wenn ihr aber betet, sollt ihr nicht plappern wie die Heiden;*

denn sie meinen, dass sie um ihres vielen Redens willen erhört werden. Seid ihnen nun nicht gleich; denn euer Vater weiß, was ihr benötigt, ehe ihr ihn bittet.«

Jesu Aufforderung, den Heiden nicht gleich zu sein, bezieht sich auf zwei konkrete Dinge: auf ihre vielen Worte, die sie beim Beten machen, und auf die Meinung, Gott müsse erst informiert werden. Dazu sagt Jesus ein entschiedenes Nein. Gott ist ein Vater, der um die Nöte seiner Kinder weiß. Er ist nicht uninformiert. Er hat kein Informationsdefizit. Und trotzdem ist es ihm recht, wenn wir ihm unser Herz ausschütten. So sagt es David in Psalm 62,9: *»Schüttet euer Herz bei ihm aus!«* Genau das ist die Folge einer innigen Beziehung, eines kindlichen Vertrauens. Es ist nicht ein Erfordernis einer irgendwie gearteten Informationsbedürftigkeit Gottes.

Warum beten wir, wenn Gott sowieso unsere Bedürfnisse und Nöte kennt? In der Bergpredigt sagt Jesus dazu ein richtungweisendes Wort (Matthäus 7,7): *»Bittet und es wird euch gegeben; suchet und ihr werdet finden; klopfet an, so wird euch aufgetan.«* Jesus hält beides für vereinbar. Weil Gott unser Vater ist und wir seine Kinder sind, möchte er, dass wir mit ihm im Gespräch bleiben. Dass wir auf ihn hören und mit ihm reden. Wenn Jesus also sagt: *»Denn euer Vater weiß, was ihr bedürft, bevor ihr ihn bittet«*, dann hat er damit mit Sicherheit nicht gemeint, dass Beten überflüssig wäre, denn sein eigenes Leben zeigt uns exakt das Gegenteil!

»Gott kümmern unsere Anliegen schon längst. Er hat nur darauf gewartet, dass sie auch uns kümmern.«[6]

Was meint Jesus, wenn er vom »Plappern« der Heiden spricht? Im griechischen Text ist das ein interessantes Wort: *battalogeo,* was nicht zufällig wie »Gebabbel« klingt. Jesu Bemerkung richtet sich nicht gegen ein langes Gebet. Wir lesen in Lukas 6,12, dass Jesus selbst eine ganze Nacht lang gebetet hat. Und sein Gleichnis von dem ungerechten Richter in Lukas 18,1 leitet er mit den Worten ein: *»Er sagte ihnen aber auch ein Gleichnis dafür, dass sie allezeit beten und nicht ermatten sollen.«* Jesus macht in dieser Geschichte deutlich, dass wir wie diese Witwe den Richter so lange nerven sollen, bis er antwortet.

Worauf Jesus hinauswill, ist etwas anderes. Jesus ist gegen ein Gebet, das einfach nur um des Sprechens willen gesprochen wird; das endlos wiederholt oder heruntergeleiert wird in dem Glauben, dass es damit endlich irgendeine Wirkung zeigt. Wir kennen solche Gebetspraktiken und religiösen Formalismen, wie etwa die tibetanischen Gebetsmühlen, die Gebetsperlen im Buddhismus oder das sinnlose Wiederholen des Vaterunsers. Die Schriftstellerin Patrica Hampl schrieb auf die Frage »Was ist beten?«: »Ich entdeckte, dass das Beten nur scheinbar eine sprachliche Handlung ist: Im Prinzip ist es eine Position, eine Stellung, die man bezieht.«[7]

Jesus sagt also: Sei schlicht. Verkünstle dich nicht in

großartigen Formulierungen, mach keine frommen Schaumschlägerei! Bete so, wie es dir ums Herz ist. Noch einmal Vers 7, frei übersetzt: *»Leiere nicht endlose Gebete herunter wie Leute, die Gott nicht kennen. Sie meinen, sie würden bei Gott etwas erreichen, wenn sie nur viele Worte machen.«* Zwei der kürzesten Gebete in der Bibel – von einem Zöllner: *»Gott, sei mir Sünder gnädig«*, und von einem gekreuzigten Verbrecher: *»Jesus, gedenke an mich, wenn du in dein Reich kommst«* – waren zugleich die wirksamsten.

Ein treffliches Beispiel dafür ist auch Elia auf dem Karmel (1. Könige 18). Mit Mut ohnegleichen forderte er die von Isebel unterstützten Baals- und Aschera-Priester zu einem »Wettstreit« heraus. Bei diesem Kampf verschaffte sich Elia scheinbar selbst Nachteile. Er gestattete ihnen, als Erste ihren Gott anzurufen, der ohne menschliches Zutun das Opfer entzünden musste, indem er Feuer vom Himmel fallen ließ. Elia selbst übergoss sein vorbereitetes Opfer einschließlich des dazugehörenden Holzes mit Wasser.

Auf das Gebet, das ekstatische Geschrei und den rituellen Tanz der Baalspriester aber tat sich gar nichts. Sie bekamen keine Antwort. Den ganzen Tag lang blieb ihr verzweifeltes Rufen ungehört. Stunde um Stunde wurde es gesteigert, aber es tat sich weiterhin nichts. Elia trieb sogar seinen Spott mit ihnen (Vers 27): *»Ruft lauter! Womöglich schläft euer Gott oder er ist in Gedanken.«*

Und dann betet Elia: Er redet ganz anders mit seinem Gott – unspektakulär, schlicht und dennoch fest entschlossen. Er war sich seiner Sache ganz gewiss. In aller Ruhe traf er seine Vorbereitungen. Und dann spricht er ein kurzes Gebet (Vers 36–37). *»Da fiel das Feuer des Herrn herab und fraß Brandopfer, Holz, Steine und Erde und leckte das Wasser auf im Graben.«* (Vers 38) Ein Mensch wie wir, sagt Jakobus später, hat hier gebetet. Viele von uns haben schon erlebt, wie Gott auf ihre Gebete geantwortet hat, ohne dass sie viele Worte gemacht haben.

Was können wir tun?

Beim Gebet in der Öffentlichkeit sollten wir die Menschen, die dabei sind, zwar nicht ausblenden, aber auch nicht beten, um sie zu beeindrucken. Wir sprechen mit Gott.

Für unser persönliches Gebet gilt: Ich nehme mir Zeit, um mich zurückzuziehen. Ich pflege den verborgenen Umgang mit Gott. Ich suche mir einen Ort, an dem ich völlig ungestört mit Gott reden kann. Jesus sagt, dass Gott uns dafür belohnen wird. Wahrscheinlich anders, als wir uns das vorstellen. Aber was Jesus meint und was wir erfahren können, ist, dass unser Leben reicher, weiter, tiefer und schöner wird.

Und wir beten nicht nach einem vorgegebenen Schema. Wir lassen uns von niemandem vorschreiben, wie und was wir zu beten haben. Wir sprechen mit

Gott einfach und klar, so wie wir mit einem Freund reden. Eben so, wie es uns ums Herz ist.

Wenn wir das tun, vertieft sich unsere Beziehung zu Gott.

Anmerkungen

[1] Philip Yancey, Beten, Wuppertal 2007, S. 39 f.

[2] Ebd., S. 40.

[3] Peter Zimmerling, Evangelische Spiritualität. Wurzeln und Zugänge, Göttingen 2003, S. 197.

[4] Ebd.

[5] Friedrich Schleiermacher, Kleine Schriften und Predigten, hrsg. von Hayo Gerdes und Emanuel Hirsch, Bd. 1: 1800–1820, Berlin 1970, S. 167.

[6] Philip Yancey, Beten, Wuppertal 2007, S. 74.

[7] Ebd., S. 29.

Lehre uns beten

Matthäus 6,9

Text: Matthäus 6,9–13

Die 1947 in Leningrad geborene Tatjana Goritschewa hatte eine glänzende Karriere vor sich. Die kommunistische Jugendführerin und Philosophiedozentin flüchtete in ein ausschweifendes Leben, begeisterte sich für westliche und östliche Philosophien, befasste sich mit Yoga, bis sie in einer Meditation den Glauben findet, der ihr Leben verändert.

Sie berichtet selbst: »Als ich sechsundzwanzig Jahre alt war, fand ich in meinem Yoga-Buch zum ersten Mal in meinem Leben ein Gebet. Es war das Vaterunser. Ich habe gar nicht gewusst, dass man beten kann und wie man beten kann. Ich habe alle alten Frauen verachtet, die in die Kirche gingen. So haben wir das alle gemacht. Und ich habe gedacht, dass das Christentum eine ganz alte Sache sei, die bald verschwinden werde, wie das ja auch Chruschtschow erklärt hat. Er hat versprochen, dass er den letzten Priester im Fernsehen bald zeigen wird. Das habe ich auch geglaubt. Ich interessierte mich immer für neue Sachen, für moderne Sachen. Als ich das ›Vaterunser‹ zum ersten Mal gelesen habe, habe ich nicht gebetet. Der Heilige Geist hat für mich gebetet.

Und es kam eine Offenbarung über mich. Es war keine Vision, es war ein Zustand, wo ich ganz ergriffen wurde von der Freude, von der Erkenntnis, dass mein himmlischer Vater existiert und dass Er die Liebe hat, die Liebe. Ich habe mich verliebt, aber ich habe niemals vor diesem Augenblick gewusst, was die Liebe ist. Ich habe die Menschen irgendwie niemals verstanden. Ich habe sogar die Natur niemals geliebt. Die Schönheit der Welt habe ich niemals bemerkt. Alles war fremd. Und in diesem Augenblick kam diese Liebe. Ich war so ergriffen, und ich habe verstanden: ER braucht mich. Es war das erste Gespräch mit Gott.«[1] »Ich begriff – nicht etwa mit meinem lächerlichen Verstand, sondern mit meinem ganzen Wesen –, dass Er existiert. Er, der lebendige, persönliche Gott, der mich und alle Kreatur liebt, der die Welt geschaffen hat, der aus Liebe Mensch wurde, der gekreuzigte und auferstandene Gott! In jenem Augenblick be- und ergriff ich das ›Geheimnis‹ des Christentums, das neue, wahre Leben. Das war die wirkliche, die echte Rettung! In diesem Augenblick veränderte sich alles in mir. Der alte Mensch starb. Ich gab nicht nur meine früheren Wertvorstellungen und Ideale auf, sondern auch alte Gewohnheiten.«[2]

Für mich ist das eine erstaunliche Geschichte. Ja, das Gebet, das Jesus seine Jünger gelehrt hat, hat tatsächlich Kraft. Fällt es uns nicht oft schwer, wenn wir Gott anreden und mit ihm sprechen, auch damit zu rechnen, dass etwas in uns und mit uns geschieht?

Doch vielleicht haben wir zu oft erlebt, dass das Vaterunser von einer Menge von Leuten gemeinsam gesprochen wurde und sie danach scheinbar genauso gingen, wie sie gekommen waren. Warum passiert nichts, wenn etwas passiert? Warum kann man dieses Gebet sprechen, ohne dass etwas geschieht? Luther hat einmal geäußert, »das Vaterunser ist der größte Märtyrer auf Erden. Denn jedermann plagt's und missbraucht's.«[3] Ebendarum hat Jesus zunächst dargelegt, wie wir nicht beten sollen. Und erst dann sagt er, wie wir es tun können.

Wir können also tatsächlich mit Gott reden, ohne in falsche Rollen zu fallen; ohne zu heucheln, ohne zu plappern und ohne uns hinter einem distanzierten Reden in liturgischen Formeln zu verstecken. Es ist also nicht bloß die Illusion frommer Menschen, dass man als Mensch wirklich mit Gott reden kann. Oder etwa doch? »Sollten die mächtigen Beter in der Geschichte des Reiches Gottes – von Elia bis Bodelschwingh – alle Narren gewesen sein?«, fragte einmal Helmut Thielicke.[4] War es bloße Autosuggestion, als Mose bezeugte, dass Gott mit ihm geredet habe wie mit einem Freund? Ist es alles Einbildung, dass wir kleine Menschen mit Gott reden können? Oder sind wir überzeugt, dass der Gott, der Himmel und Erde und auch uns Menschen gewollt und geschaffen hat, mit sich reden lässt?

Das Wort Gottes bezeugt, dass Gott geradezu darauf aus ist, mit uns ins Gespräch zu kommen. Gott lässt selbst dann noch mit sich reden, wenn wir nach menschlichem Ermessen alles bei ihm verspielt haben; wenn wir ihn beleidigt und uns von ihm abgewandt haben. Dann sagt Gott nicht: »Sprich mich jetzt bloß nicht mehr an, such dir einen anderen«, sondern er sagt: *»Rufe mich an in der Not«* (Psalm 50,15).

Die Jünger von Jesus – richtig, seine engsten Freunde und Schüler – hatten Probleme mit dem Beten. Sie bitten Jesus, als er von einem einsamen Ort zurückkommt, an dem er gebetet hat: *»Herr, lehre uns beten.«* Sie haben offensichtlich gespürt, dass ihre Kindergebete allein auf Dauer nicht reichen.

Eines Tages lässt man als Erwachsener seine Kindergebete fallen. Das ist ganz gesund. Wir machen das entweder bewusst, weil wir anders mit Jesus reden, oder unbewusst, indem wir aufhören, mit Gott zu sprechen. Letzteres wäre bedauerlich, aber solange wir noch atmen, können wir es noch ändern. Entweder entwickelt sich unsere Kommunikation mit Gott in die Weite und Tiefe wie in menschlichen Beziehungen oder das Gespräch mit ihm verkümmert, weil wir ständig nur dasselbe sagen, oder die Kommunikation reißt ganz ab.

»Ich bin klein, mein Herz mach rein, soll niemand drin wohnen als Jesu allein.« Das war eines meiner Kindergebete, das meine Eltern mich gelehrt haben. Oft habe ich es abends als kleiner Stöpsel im Bett gebetet. So schlicht es auf den ersten Blick klingt, enthält es doch einige theologisch bedeutsame Wahrheiten: dass wir ein Herz, also ein inneres Zentrum, haben; dass wir dieses Zentrum verschmutzen oder rein halten können; dass jemand darin wohnt, davon Besitz ergreift. Als Erwachsener habe ich dann anders mit Jesus geredet, nicht mehr mit diesem Reim. Aber theologisch betrachtet ging es oft um die gleichen Themen. Natürlich braucht es immer wieder neue und andere Worte. Darum ist es legitim zu bitten: *»Herr, lehre uns beten!«* Wir benutzen heute Begriffe und Ausdrücke, die wir vor zwanzig Jahren nicht einmal gekannt haben. Philip Yancey sagt, dass Worte im Laufe der Jahre wie altes Fleisch verderben können, weil ihre ursprüngliche Bedeutung verloren geht oder sich ändert.[5]

Die Jünger merkten, wie wichtig Jesus das Beten nahm. Und sie wollten es ebenfalls ernster nehmen, aber irgendwie klappte das bei ihnen nicht. Es ging ihnen wahrscheinlich wie so vielen von uns heute.

Wenn wir beten wollen, wandern unsere Gedanken ab. Plötzlich fällt uns etwas ein, was wir auf keinen Fall vergessen dürfen. Oder wir erinnern uns an den Ärger gestern im Betrieb. Oder wir sind schon wieder beim nächsten Termin.

Manchmal ist das Gebet nur fromme Pflichterfüllung. »Ich sollte doch wenigstens kurz einige Augenblicke zur Stille kommen«, meldet sich das Gewissen. Dann beten wir aus Pflicht und verlieren uns in abgenutzten Worthülsen. Oft wissen wir hinterher gar nicht mehr, was wir eigentlich gebetet haben. Oder dann quält uns wieder der Zweifel, ob unser Beten überhaupt Sinn macht.

Trotz all dieser Hindernisse beteten die Jünger. Aber ihnen wird an Jesus aufgefallen sein, dass sein Gebet, sein Reden mit dem Vater im Himmel, eine ganz andere Qualität hatte. Deshalb bitten sie ihn (Lukas 11,1): *»Herr, lehre uns beten, wie auch Johannes seine Jünger lehrte!«* Sie merkten: Wir können nicht einfach so drauflosbeten. Wir müssen es auch gelehrt bekommen und lernen. Die Bitte der Jünger zeigt, dass Gebet und Lehre zusammengehören. Gebet ist mehr als ein bloßer Gefühlsausbruch. Wir dürfen hineinwachsen in die Kommunikation mit Gott.

Das Vaterunser ist im Neuen Testament zweimal überliefert. Auffallend ist, dass beide Überlieferungen nicht im Wortlaut übereinstimmen. Bei Lukas fehlt die dritte »Dein«-Bitte *»Dein Wille geschehe wie im Himmel so auf Erden«* und er lässt die vierte »Unser«-Bitte *»Erlöse uns von dem Bösen!«*, die unsere menschlichen Urnöte entfaltet, weg. Doch von diesem Unterschied bleibt der Aufbau des Gebets unberührt. Die Grundstruktur ist die gleiche, nämlich die Gliederung in Dein- und Unser-Bitten. Erstere beziehen sich auf Gott, Letztere auf Menschen und Mitmenschen. Das zeigt, dass es nicht um ein wortwörtliches Nachbeten geht. Jesus will mit diesem Mustergebet nicht unser Beten mit eigenen Worten oder Gedanken ersetzen, sondern er gibt uns damit einen Rahmen und eine Linie vor, einen Weg, den wir mitgehen können.

Weder in der Apostelgeschichte – sie enthält ja einige Berichte von Ereignissen und Situationen, in denen gebetet wurde – noch in den neutestamentlichen Briefen wird das Vaterunser wiederholt. Es gibt keinerlei Anhaltspunkt dafür, dass dieses Gebet in der Urgemeinde miteinander gesprochen wurde.

In den folgenden Kapiteln halte ich mich an den Matthäustext. Er war schon in der Christenheit des 2. Jahrhunderts die gebräuchlichste Fassung. Diese Version hat sich früh in der Kirche durchgesetzt, denn in der um 120 n. Chr. entstandenen »Lehre der zwölf Apostel« (Didache 8,2) wird die Weisung gegeben, das Vaterunser dreimal täglich zu beten. Hier ist also schon eine Anweisung dokumentiert, die gerade so im Neuen Testament nicht zu finden ist. Denn die Tatsache, dass Jesus nicht mehrere Mustergebete für seine Jünger vorgegeben hat, hat gute theologische Gründe: Erstens führt uns Jesus in die Freiheit der Gotteskindschaft, die keine vorformulierten Gebete nötig hat. Zweitens sah Jesus das Kommen des Heiligen Geistes voraus, der uns im Gebet leiten will. Dass trotzdem in der Kirche bis heute sorgfältig vorgeformte Gebete gesprochen werden, hat zwei schlichte, aber wichtige Gründe: Sie enthalten keine Irrlehren und sind somit theologisch richtig.

Das Vaterunser ist ein Gebet, dass Jesus spontan formuliert hat. Seine Jünger fragen – und jetzt kommt kein zweistündiger Vortrag mit Vorbemerkungen und Hauptpunkten, sondern Jesus antwortet mit diesen wenigen Sätzen. Darum ist das Vaterunser auch als das kürzeste Gebet der Religionsgeschichte bezeichnet worden. Und doch enthält es alle wesentlichen Bitten für ein Leben. Die Christenheit spricht es bei Taufen, am Sterbelager, bei Hochzeiten, bei Festen, bei Trauerfeiern und am Grab. Das will ich nicht kritisieren, doch manchmal würde ich die Menschen gerne einmal darauf aufmerksam machen, was sie da eigentlich beten; dass es eben nicht Sinn der Sache ist, es einfach nur als Ritual mitzusprechen oder schlimmstenfalls gedankenlos herunterzuleiern.

Dieses Gebet ist ebenso dem Himmel zugewandt wie dieser Erde. Hätten wir von Jesus nur dieses Gebet und sonst nichts, dann wäre es schon sehr viel. Aber der eigentliche Reichtum dieser Worte öffnet sich für uns erst durch das, was uns im Wort Gottes, sowohl im Alten wie im Neuen Testament, über Jesus offenbart ist. Die Tiefe und die Weite dieser Bitten öffnen sich uns, wenn wir sie im Wort und Weg dessen betrachten, der sie gesprochen hat. Darum möchte ich dieses Gebet christuszentriert auslegen.

Es beginnt so: *»Vater unser im Himmel.«* Wie soll man Gott anreden, wenn man mit ihm spricht? Folgende Geschichte mag uns helfen, dem auf die Spur zu kommen. Der Evangelist Brennan Manning, ein

Mann Gottes mit einer sehr ungewöhnlichen Lebensführung, erzählt von einem Erlebnis während einer Evangelisation in einer Gemeinde in Clearwater in Florida. »Am Morgen nach der letzten Veranstaltung lud mich der Pastor zu sich nach Hause zum Frühstück ein. Auf meinem Teller lag ein Umschlag mit einer kurzen Notiz von einem der Gemeindeglieder. Als ich sie las, kamen mir die Tränen. Es heißt darin: ›Lieber Brennan, in meinen ganzen dreiundachtzig Jahren habe ich so etwas noch nie erlebt. Während der Evangelisationswoche hast du versprochen, wenn wir jeden Abend kommen würden, dann würde sich unser Leben verändern. Du hattest recht. Letzte Woche hatte ich noch Angst, wenn ich ans Sterben dachte – heute sehne ich mich regelrecht nach dem Haus meines Vaters.‹«

Sehnsucht nach dem Haus meines Vaters, spiegelt sich das in dieser Anrede *»Vater unser im Himmel«?* Ich denke, das trifft es gut, denn »das Besondere im Leben Jesu ist die Nähe zu seinem Vater, das Vertrauen und die Liebe zu seinem ›Abba‹.«[6] Jesus wurde von Josef und Maria im jüdischen Glauben erzogen. Wie jeder fromme Jude betete Jesus auch dreimal am Tag das Sch'ma Israel, das jüdische Glaubensbekenntnis: *»Höre, Israel, der Herr ist unser Gott, der Herr allein.«* (5. Mose 6,4) Jesus ruhte in der Herrschaft des Einen, Ewigen, des *»Ich bin, der ich bin«*.

In seinem irdischen Leben erfuhr Jesus Gott in einer Art, wie kein Prophet im alten Israel es je zu träumen gewagt hätte. Jesus war erfüllt vom Heiligen Geist und gebrauchte für Gott einen Namen, der sowohl die Theologen wie die öffentliche Meinung in Israel provozierte und in Aufruhr versetzte. Jüdische Kinder gebrauchten diese intime Anrede Abba, wenn sie ihre Väter riefen. Als Bezeichnung für Gott war so etwas jedoch noch nie dagewesen, weder im Judentum noch in irgendeiner anderen Weltreligion. Joachim Jeremias schreibt: »Die Gottesanrede Abba ist ohne Parallele in der gesamten jüdischen Literatur.«[7] Jesus hat die frommen Juden seiner Zeit, die es nicht gewagt haben, den Namen Gottes auszusprechen, in eine Art Schockzustand versetzt, als er Gott mit dem aramäischen Wort *Abba* anredete, was so viel wie »Papa« heißt. Und jetzt kommt das Größte: Jesus, der geliebte Sohn, behält diese Erfahrung nicht für sich. Er lädt uns ein und ruft uns auf, in dieselbe nahe und befreiende Beziehung einzutreten. Wir sollen in die gleiche intime Beziehung zu Gott treten wie Jesus selbst! Paulus schreibt: *»Denn alle, die sich vom Geist Gottes leiten lassen, sind Söhne Gottes. Denn ihr habt nicht einen Geist empfangen, der euch zu Sklaven macht, sodass ihr euch immer noch fürchten müsst, sondern ihr habt den Geist empfangen, in dem wir rufen: Abba, Vater! So bezeugt der Geist, dass wir Gottes Kinder sind.«* (Römer 8,14–16) Jesus zieht Menschen in die Nähe seines Vaters. Johannes, der Jünger, *»den Jesus lieb hatte«*, betont: *»Wie viele ihn aber aufnahmen, denen gab er Macht, Gottes Kinder zu werden.«*

(Johannes 1,12) Johannes war mit dabei, als Jesus seine Abschiedsrede mit den Worten *»Liebe Kinder«* (Johannes 13,33) begann. Und begeistert schreibt Johannes in seinem ersten Brief (3,1): *»Seht, welch eine Liebe hat uns der Vater erwiesen, dass wir Gottes Kinder heißen sollen – und wir sind es auch!«*

Die Anrede, die Jesus uns lehrt, ist ein Geschenk des himmlischen Vaters an seine Kinder. Es ist die Anrede der Jüngergemeinschaft. Soll und kann man also mit Ungläubigen das Vaterunser beten? Zum Beispiel auf einer Beerdigung, wo sich Christen, Angehörige anderer Religionen, Atheisten und Konfessionslose mischen? Soll man sie zu einer Anrede verleiten, die (noch nicht) die Realität ihres Lebens ist? Denn eins ist klar: Diese Anrede ist nicht im Sinne eines formalen Titels zu verstehen, sondern sie ist der Ausdruck einer ganz neuen Beziehung zu Gott – Ausdruck der liebenden und vertrauensvollen Beziehung eines Kindes zu seinem Vater.

Und doch – zeigt nicht das Gleichnis vom verlorenen Sohn, dass er auch für die verlorenen Söhne und Töchter der Vater bleibt? Jedenfalls hat Jesus uns kein »Vatermein« gelehrt, sondern das Vaterunser. In diesem Gebet schließen wir uns alle zu einer Gemeinschaft zusammen. Wir, die wir das Vaterunser miteinander sprechen, sind so grundverschieden. Wir sind alte und junge, reiche und arme, enttäuschte und fröhliche, gebildete und schlichte Menschen, wir gehören unterschiedlichen Nationen und Kulturen an. Und doch gibt es eine entscheidende Gemeinsamkeit: Wir sind allesamt Kinder unseres Vaters im Himmel. David sagt in Psalm 22,11: *»Du bist mein Gott, seitdem mein Leben im Mutterleib begann. Seit der Stunde meiner Geburt bin ich auf dich angewiesen.«*

Wenn Jesus uns die Anrede *»Unser Vater«* lehrt, dann betont er, dass das gemeinsame Beten mit anderen Gläubigen einen hohen Stellenwert hat. »Viele der Psalmen enthalten Regiebemerkungen, die auf eine Verwendung im gemeinsamen Gottesdienst hinweisen.«[8] Und Jesus hat ja auch eine besondere Verheißung auf die Praxis des gemeinsamen Betens gelegt: *»Wo zwei oder drei in meinem Namen versammelt sind, da bin ich mitten unter ihnen.«* (Matthäus 18,20)

Nun lautet die Anrede präzise nicht nur: *»Vater unser«*, sondern: *»Vater unser im Himmel.«* So viele Menschen haben heute Probleme mit dem Wort Vater. Bei manchen kommen sofort Aversionen hoch. Leider muss ich sagen: teilweise zu Recht. Denn viele von uns sind schlechte Väter. Väter, die sich nicht interessieren, die sich raushalten. Väter, die für ihre Kinder das unbekannte und fremde Wesen bleiben. Ungezählte Kinder wachsen heute ohne Vater auf. Manche wissen nur von einem Erzeuger. Andere kennen nur einen Besuchs-Vater. Bei wieder anderen dominiert der unbeherrschte und egozentrische Vater. Wie groß ist da die Gefahr, dass wir schon beim Aussprechen der Worte *»Unser Vater«* an unsere irdischen Väter denken, ja dass wir unbewusst Teile dieser Bilder auf Gott projizieren. Doch Jesus sagt: *»Unser Vater im Himmel«,* so als wollte er damit sagen: Denkt bitte nicht an eure irdischen Väter, selbst wenn sie gute Väter sind. Denn selbst das wäre viel zu kurz gegriffen und eine Vermenschlichung Gottes. Woran sollen wir aber dann denken? Deshalb hat Jesus ein Gleichnis erzählt, um uns klarzumachen, wie sein Vater ist: das Gleichnis vom verlorenen Sohn.

Nun stellen sich viele die Frage: Gott oder Allah? Wen reden wir denn da an? Sind sie nicht im Grunde identisch? Dann wäre es doch auch egal, zu wem man betet.

Die 1997 verstorbene Pakistani Bilquis Sheik hat in dem Buch *Allah – mein Vater?*[9] ihren Weg vom Koran zur Bibel beschrieben. Auf YouTube ist ein interessantes Video von ihrer Geschichte eingestellt. Durch persönliches Leid war die reiche und gebildete Pakistani zum Lesen der Bibel gekommen. Sie war hin- und hergerissen zwischen beiden Büchern. Wer ist der wahre Gott? Schließlich sagte ihr eine Nonne: »Warum beten Sie nicht zu dem Gott, den Sie suchen? Sprechen Sie mit ihm wie mit Ihrem Vater!« Was dann passierte, beschreibt Bilquis Sheik so:

»Kein Moslem, das wusste ich bestimmt, stellte sich Gott als Vater vor … Doch diese Worte ›Sprechen Sie mit Gott wie mit Ihrem Vater‹ ließen mich nicht mehr los. Allein in meinem Zimmer, kniete ich nieder und versuchte, ihn Vater zu nennen. Doch vergeblich. Verzagt richtete ich mich wieder auf. War es nicht lächerlich, ja geradezu eine Sünde, Gott auf meine Ebene herabzuziehen? Als ich an jenem Abend einschlief, war ich verwirrter als je zuvor. Stunden später erwachte ich. Es war nach Mitternacht … Plötzlich durchflutete mich ein Hoffnungsschimmer: Angenommen, nur angenommen, Gott wäre mein Vater? Zitternd vor Aufregung, stieg ich aus dem Bett und sank auf meine Knie. ›Mein Vater!‹ Ich wagte es, ihn so anzureden. Ein ganz neues Verständnis war in mir aufgebrochen.

›Vater, o mein Gott Vater‹, rief ich mit wachsendem Vertrauen … Plötzlich war dieser Raum gar nicht mehr leer. Er war da! Ich spürte seine Nähe … Lange Zeit kniete ich dort, still vor mich hinschluchzend, seiner Liebe hingegeben. Ich sprach mit ihm und entschuldigte mich, dass ich ihn nicht schon früher kennengelernt hatte … ›Ich bin verwirrt, Vater‹, sagte ich. ›Ich muss mir über eines unbedingt Klarheit verschaffen.‹

Ich griff zum Nachttisch, wo ich Bibel und Koran nebeneinander aufbewahrte. Ich nahm beide Bücher und hob sie hoch, in jeder Hand eins. ›Welches, Vater?‹, fragte ich. ›Welches ist dein Buch?‹ Dann geschah etwas Erstaunliches. Nie zuvor hatte ich etwas Ähnliches erlebt. Tief in meinem Inneren hörte ich eine Stimme: ›In welchem Buch begegne ich dir als Vater?‹ Darauf gab es nur eine Antwort. ›In der Bibel‹, hörte ich mich sagen. Das war alles. Jetzt gab es für mich keinen Zweifel mehr …«

Ja, Jesus hat uns etwas völlig Neues gebracht! Er hat uns aus der Distanz zu Gott herausgeholt. Paulus sagt es so (Epheser 2,13): »Jetzt aber, in Christus Jesus, seid ihr, die ihr einst fern wart, durch das Blut des Christus nahe geworden.« Das Fatale ist, dass allem Religiösen eine Distanz zu Gott anhaftet – aus scheinbarer Ehrfurcht vor Gott. Das ist ja das Verrückte an diesem religiösen Denken, dass gerade die Religionen uns fernhalten von Gott mit dem teuflischen Argument: Gott ist groß, Gott ist allmächtig – du kleiner Mensch darfst ihn nicht auf deine Stufe herabziehen; »Papa« – das ist eine unverzeihliche Missachtung und Verniedlichung Gottes! Aber genau das ist das Wunder, dass durch Jesus geschehen ist. Dabei ist es keineswegs eine verniedlichende Anrede, sondern bleibt respektvoll. Gott wird nicht einfach unser Partner, Kumpel oder Mitarbeiter, davor schützt schon die Präzisierung in der Anrede *»Unser Vater* im Himmel«. Gott ist unser Vater, gleichwohl betet Jesaja (64,7): »Herr, du bist doch unser Vater! Wir sind der Ton, du bist unser Töpfer.« Auch wenn er der Vater ist, bleibt er derjenige, der uns formen und verändern möchte.

Gott ist nicht mehr ein ferner Gott, sondern er ist dir nahegekommen, indem er in Jesus Mensch geworden ist. Aber vor allem ist Gott uns innerlich nahegekommen, indem er durch Jesus unser Vater wurde und uns seinen Geist geschenkt hat, durch den wir rufen: »Abba – lieber Vater.« Wir alle wären Waisen, wenn wir ihn nicht hätten.

Wir dürfen mit unserem himmlischen Vater vertrauensvoll reden und wir dürfen uns mit anderen zusammenschließen im gemeinsamen *»Unser Vater«*. Wenn Gott unser Vater ist, wer oder was kann uns den Boden unter den Füßen wegziehen?

Anmerkungen

[1] Tatjana Goritschewa, 1996, in: Fritz Neugebauer, Das Vaterunser. Eine theologische Deutung, 2. Aufl., Leipzig 2008, S. 9.

[2] http://info.tuwien.ac.at/kathuniseelsorge/impulse/impuls02-3.html

[3] Martin Luther, Eine einfältige Weise zu beten für einen guten Freund, WA 38, S. 564, Zeile 25–27.

[4] Helmut Thielicke, Und wenn Gott wäre … Reden über die Frage nach Gott, Stuttgart 1970, S. 124.

[5] Philip Yancey, Gnade ist nicht nur ein Wort. Wie Gottes Güte unser Leben auf den Kopf stellt, Wuppertal 2006, S. 8.

[6] Brennan Manning, Kind in seinen Armen. Gott als Vater erfahren, Wuppertal 1999, S. 56.

[7] Joachim Jeremias, Die Gleichnisse Jesu, Göttingen 1977, S. 190.

[8] Philip Yancey, Beten, Wuppertal 2007, S. 283.

[9] Bilquis Sheikh, Allah – mein Vater? Mein Weg vom Koran zur Bibel, Lüdenscheid 2009.

Dein Name werde geheiligt

Matthäus 6,9c

»Wir schämen uns nicht für den Namen Jesus« – so beginnt ein Lied, das Albert Frey in Anlehnung an Römer 1,16–17 gedichtet hat. Und ich wünsche uns, dass dieselbe Überzeugung in uns wächst und Kraft und Freude in unseren Herzen freisetzt. So machen wir Gottes Namen Ehre, wie David es in Psalm 115,1 ausdrückt: *»Nicht uns, Herr, nicht uns, sondern deinem Namen gib Ehre um deiner Gnade und Treue willen!«*

Nach der Anrede *»Unser Vater im Himmel«* folgt die Bitte *»Dein Name werde geheiligt«*.

Namen haben Macht. Große Namen üben Faszination aus. Manche erregen Widerspruch. Andere rufen ein andächtiges Staunen in uns hervor. Es spielt keine Rolle, ob es um Markennamen geht oder um Namen von Spitzenathleten, Politikern, Wirtschaftsbossen, Regisseuren, Autoren, Schauspielern, Popstars … Wer sich einen Namen gemacht hat, dessen Name ist gefragt – als Label oder Werbeträger, als Aushängeschild oder Beratungsadresse. Und solche Namen sind geschützt; wer sie missbraucht, muss mit unangenehmen Konsequenzen rechnen. Gerichte und Anwälte leben davon. Beeindruckende Werbebudgets sorgen dafür, das wir an manchem Namen nicht mehr vorbeikommen und ihn weder übersehen noch überhören.

Wenn irgendein Name wichtig und schutzwürdig ist, dann ist es Gottes Name! Es gibt nichts, was größeren Respekt von uns verdient als der Name Gottes. Es ist der mächtigste Name, den es gibt. Im Vaterunser lautet die erste Bitte: *»Dein Name werde geheiligt.«* Was ist damit gemeint? »Vater, heilige du deinen Namen«? Oder bitten wir: »Vater, hilf uns, das wir deinen Namen heiligen«? Beides ist denkbar. Manchmal muss Gott sozusagen im Alleingang die Ehre und Heiligkeit seines Namens herstellen. Und trotzdem sind wir ebenso aufgerufen, mit unserem Leben Gottes Namen zu heiligen. So gesehen ist diese Bitte eigentlich die positive Formulierung des dritten Gebotes. Dort ordnet Gott selbst an, dass wir seinen Namen schützen sollen, ja er warnt uns davor, ihn zu missbrauchen.

»Dein Name werde geheiligt!« Es geht um die Heiligung von Gott selbst. Denn der Name Gottes meint seinen Träger. Wir sollen so handeln, dass sein Name, alles, was er beinhaltet und repräsentiert, auf dieser Erde geehrt wird. Denn im Alten Testament identifizierte der Name nicht nur eine Person, sondern der Name repräsentierte sie auch. Gott ist nicht anonym geblieben. Gott offenbarte seinen Namen und damit ist er selber gegenwärtig: Der Name schafft Präsenz.

Der Name ist ein unterscheidendes Kennzeichen. Mit dem Namen treten wir aus der Anonymität der

Masse heraus. Wir sind ansprechbar. Wird ein Name genannt, kann unser Gehirn sofort prüfen, ob uns bei seiner Nennung etwas einfällt, sprich ob wir etwas über diesen Menschen wissen. Namen haben Unterscheidungsfunktion. Sie stellen Identität her. Haben wir mit einem Menschen noch nichts erlebt oder von ihm noch nichts für uns Wichtiges gehört, dann ist der Name »Schall und Rauch«. Aber sobald ein Name fällt, mit dem wir Wesentliches verbinden, ist das zugleich aufgerufen und präsent.

Gott gibt sich mit seinem Namen sozusagen in unsere Hand und deshalb baut er Sicherungen ein. Gottes Namen nicht missbrauchen, das meint: ihn nicht unangemessen, unpassend, unnütz und bedeutungslos gebrauchen. Bei der Bitte *»Dein Name werde geheiligt«* geht es um die Heiligung des Gottes, der sich als der gerechte und liebende Gott unter uns Menschen offenbart hat. Jesus sagt im hohepriesterlichen Gebet (Johannes 17,6): *»Ich habe deinen Namen den Menschen offenbart, die du mir aus der Welt gegeben hast.«* Gemeint ist der Vatername und damit das Wesen Gottes, das sich gerade im Vaternamen offenbart. Gott hat sich bekannt gemacht. Persönlich bekannt gemacht auf dieser Erde, in seinem rettenden Namen.

Der frei machende Name: JESUS

Gott verkündete unter seinem Namen *Jahwe* seinem Volk Israel die Erwählung, Befreiung und Erlösung.

Und er offenbart allen Völkern der Erde unter dem Namen Jesus ewiges Heil und Rettung aus der Gottesferne. So haben es die Apostel verkündet (Apostelgeschichte 4,12): *»Bei niemand anderem ist Rettung zu finden; unter dem ganzen Himmel ist uns Menschen kein anderer Name gegeben, durch den wir gerettet werden können.«* Die zwei negativen Wendungen – *»bei niemand anderem«* und *»kein anderer Name«* – verkünden die positive Einmaligkeit des Namens Jesu. »Sein Tod, seine Auferstehung, seine Erhöhung und Autorität machen ihn zum einzigen Erretter, weil kein anderer derartige Fähigkeiten besitzt.«[1] Jesus kommt von dem alttestamentlichen *Jehoschua* und bedeutet »Gott rettet«. Insofern ist dieser Name Programm! Die Bibel lässt mehrfach den Namen und die Person identisch sein: *»Wer den Namen des Herrn anruft, soll gerettet werden.«* (Römer 10,13)

Paulus erklärt, dass Jesus ein Ehrentitel ist, der höher steht als jeder andere Name (Philipper 2,9.10): *»Deshalb hat Gott ihn auch so unvergleichlich hoch erhöht und hat ihm als Ehrentitel den Namen gegeben, der bedeutender ist als jeder andere Name. Und weil Jesus diesen Namen trägt, werden sich einmal alle vor ihm auf die Knie werfen, alle, die im Himmel, auf der Erde und unter der Erde sind.«* Gott hat dieser Welt den Namen Jesus zum Heil offenbart. Einmal wird das jeder anerkennen müssen. Dieser Name ist der einzige Rettungsname. Er ist exklusiv. In diesem Namen ist alles Heil der Welt präsent.

Der erniedrigte Name

Es ist einfach eine Tatsache: Gottes Name wurde und wird entheiligt, erniedrigt und verkannt – sowohl in Israel als auch in der Kirche, also von uns. Gott ließ seinem Volk durch den Prophet Hesekiel mitteilen (36,22.23): *»Darum sollst du zum Hause Israel sagen: So spricht Gott der Herr: Ich tue es nicht um euretwillen, ihr vom Hause Israel, sondern um meines heiligen Namens willen, den ihr entheiligt habt unter den Heiden, wohin ihr auch gekommen seid. Denn ich will meinen großen Namen, der vor den Heiden entheiligt ist, den ihr unter ihnen entheiligt habt, wieder heilig machen. Und die Heiden sollen erfahren, dass ich der Herr bin, spricht Gott der Herr, wenn ich vor ihren Augen an euch zeige, dass ich heilig bin.«*

Immer wenn Gottes Leute, wenn sein Volk, wenn wir, die wir uns nach seinem Namen nennen, seinen Namen entheiligen und ihm Unehre machen, ist das besonders traurig und verhängnisvoll. Wenn wir, die wir eine positive Empfehlung für Gott sein sollten – seine Visitenkarte –, ein abschreckendes Beispiel und ein Ärgernis sind, dann wird genau das auf den Kopf gestellt, was Jesus so formuliert hat (Matthäus 5,14): *»So lasst euer Licht leuchten vor den Menschen, damit sie eure guten Werke sehen und euren Vater, der in den Himmeln ist, preisen.«*

Zu oft passiert das genaue Gegenteil! Wie oft spotten und lästern die Leute über Gott, weil wir seinen

Namen entheiligen. Wir gehen gleichgültig und fahrlässig mit Gottes Namen um. Er wird beschmutzt und in den Dreck gezogen. Die Geschichte der Kirche zeigt viele erschreckende Beispiele dafür, was sich der Name Gottes alles gefallen lassen musste. Nicht nur von denen, die sich zu Unrecht Christen genannt haben, sondern auch von denen, die es ernsthaft sein wollten. Jesus selbst hat ja gesagt (Matthäus 7,22.23: »*Viele werden an jenem Tag zu mir sagen: ›Herr, Herr! Haben wir nicht in deinem Namen prophetisch geredet, in deinem Namen Dämonen ausgetrieben und in deinem Namen viele Wunder getan?‹ Dann werde ich zu ihnen sagen: ›Ich habe euch nie gekannt. Geht weg von mir, ihr mit eurem gesetzlosen Treiben!‹*« Man kann im Namen Gottes handeln und ihn trotzdem entheiligen. Schon mancher hat gemeint, im Namen Gottes zu wirken, und dabei nur seinen eigenen Namen groß gemacht. Es gibt genügend traurige Beispiele dafür.

»Die Berufung auf Gott verleiht Dummheiten eine besondere Dauerhaftigkeit«, hat einmal Uta Ranke-Heinemann gesagt – die erste Frau weltweit, die sich (1969) in katholischer Theologie habilitierte und anschließend einen Lehrstuhl innehatte. In ihrem Hauptwerk *Eunuchen für das Himmelreich. Katholische Kirche und Sexualität*[2] zeigt sie, wie der Name Gottes durch die 2000-jährige Geschichte der katholischen Sexualmoral alles andere als geheiligt wurde.

Aber auch ihre eigene Theologie ist eine Entheiligung des Namens Gottes. Denn sie lehnt die Interpretation der Kreuzigung Jesu als Erlösung in einem »siebenfachen negativen Glaubensbekenntnis«[3] ab:

1. Die Bibel ist nicht Gottes-, sondern Menschenwort.
2. Dass Gott in drei Personen existiert, ist menschlicher Fantasie entsprungen.
3. Jesus ist Mensch und nicht Gott.
4. Maria ist Jesu Mutter und nicht Gottesmutter.
5. Gott hat Himmel und Erde geschaffen, die Hölle haben die Menschen hinzuerfunden.
6. Es gibt weder Erbsünde noch Teufel.
7. Eine blutige Erlösung am Kreuz ist eine heidnische Menschenopferreligion nach religiösem Steinzeitmuster.

Dementsprechend schreibt sie: »Und so bin ich fortgegangen […] von dem Gott mit den blutigen Händen, der seinen einzigen Sohn für uns opferte […], und wandte mich ab von den Theologen.«

Der geheiligte Name

Der Name Gottes kann durch Heuchelei und Doppelmoral zu einer leeren Floskel werden. Heuchelei ist die am meisten verbreitete Sünde unter Christen; im Gebetskreis der Gemeinde betet man für Aufbrüche, Bekehrungen und geistlich verlorene Menschen, privat tut man aber nie etwas dafür.[4] Sehen wir dabei ruhig in unser eigenes Leben. Wie oft heiligen wir Gottes Namen nicht! Der Meinungsforscher George Barna hat herausgefunden, dass bei wiedergeborenen Christen im heutigen Amerika die Scheidungsrate höher ist (27%) als bei Nichtgläubigen (23%); bei denen, die sich selbst als Fundamentalisten bezeichnen, also behaupten, Gottes Wort besonders ernst zu nehmen, findet sich die höchste Scheidungsrate (30%).[5] Wir kommen in Erklärungsnöte, aber eins ist klar: Wir sind oft weit von dem entfernt, was Jesus sagt: dass die Leute wegen unserer guten Taten Gutes über Gott sagen.

Die Juden betrachteten den Namen Gottes als so heilig, dass sie ihn nicht einmal auszusprechen wagten. Aber sie gehorchten seinem Wort nicht. Paulus hielt es ihnen deutlich vor Augen (Römer 2,21b–24): *»Du predigst, dass man nicht stehlen soll, und stiehlst selber? Du sagst den Leuten, dass sie nicht die Ehe brechen sollen, und tust es selbst? Von anderen verlangst du, keine Götzen anzubeten, und dabei bereicherst du dich an ihren Tempelschätzen. Du bist stolz darauf, dass Gott euch seine Gebote gegeben hat, und dennoch lebst du nicht nach seinen Geboten und bringst ihn so in Verruf. […] Euretwegen wird Gottes Name gelästert unter den Heiden.«*

Im Neuen Testament wird sehr deutlich, dass wir Christen nicht nur den Missbrauch des Namens Gottes vermeiden sollen, sondern wir sollen so leben, dass unser Leben der Heiligung des Namens Gottes entspricht. Paulus schreibt an Timotheus (2. Timotheus

2,19): *»Jeder, der den Namen des Herrn nennt, lasse ab von der Ungerechtigkeit.«* Wir führen Gottes Namen oft im Mund und nennen uns nach dem Namen unseres Herrn. Darum sollten wir auf unser eigenes Leben schauen: Wir entheiligen Gottes Namen, wenn wir schweigen, wenn Gottes Name in unsrer Umgebung gelästert oder nicht ernst genommen wird. Wir entheiligen Gottes Namen, wenn wir den Gottesdienst und damit die sonntägliche Feier der Auferstehung Jesu nicht so wichtig nehmen und mit faulen Ausreden wegbleiben. Wir entheiligen Gottes Namen, wenn wir uns mit einem Glauben begnügen, der an der Oberfläche bleibt, und wir so ein falsches oder gar abschreckendes Bild vom wirklichen Christsein bieten. Wir entheiligen Gottes Namen, wenn wir Sünden bekennen, mit denen wir gar nicht brechen wollen.

Warum missachten wir Gottes Namen so oft? Warum kommt es dazu? Es kann geistliche Gedankenlosigkeit sein, die sich je nach Veranlagung unterschiedlich äußert. Der eine ist konservativ und beurteilt alles aus dieser Perspektive. Der andere ist großzügig und liberal und sieht alles etwas lockerer. Der Dritte hat selten eine eigene Meinung, er orientiert sich lieber an der Mehrheit. Der Vierte ist harmoniesüchtig und kann keinen Konflikt vertragen. Dabei sollte sich doch jeder zuerst die Frage stellen: »Herr, was ehrt wirklich deinen Namen?«

Es kann auch sein, das wir Gottes Namen nicht heiligen, weil wir nicht mutig genug sind. Ja, manchmal leben wir ein ängstliches, defensives und zurückgezogenes Christsein. Zu oft fragen wir, was die anderen denken oder sagen werden. So schweigen wir aus Angst. Manchmal ziehen wir über Fehler von Christen her, statt auf Jesus hinzuweisen, den Fehlerlosen, der unsere Fehler vergibt. Paulus sagt in Römer 1,16: *»Ich schäme mich nicht für die rettende Botschaft, sie ist eine Kraft Gottes, die alle befreit, die darauf vertrauen.«* Wo wir uns des Namens Gottes nicht schämen, wird er geheiligt.

Jesus ist es wichtig, dass der Name Gottes in meinem Leben geheiligt wird; dass er mir der wichtigste und mächtigste Name ist. Deshalb beginnt er sein Mustergebet mit der Bitte *»Dein Name werde geheiligt«*. Immer wenn wir so beten, sagen wir: »Lieber Vater im Himmel, ich will von ganzem Herzen und mit allem, was ich bin und habe, deinen Namen groß machen, ihn achten, ihn respektieren, ihn ehren und rein halten!«

Gibt es Bereiche in unserem Leben, verborgene Winkel, die nicht auf die Heiligung und Ehre des Namens Gottes ausgerichtet sind? Können andere uns abspüren und abnehmen, dass uns Gottes Name heilig ist?

Vielleicht haben wir das Vaterunser und dessen erste Bitte schon so oft gebetet, dass wir sie buchstäblich wie im Schlaf über die Lippen bringen. Mir ist neu bewusst geworden, dass diese Bitte mein ganzes armseliges und doch so reiches Leben umspannt. Ich möchte all das heiligen, was vor mir liegt, indem ich es ganz bewusst mit Gott in Verbindung bringe. Und ich möchte Gottes Namen heiligen, indem ich mich danach ausstrecke, ihm ähnlicher zu werden.

Anmerkungen

[1] John Stott, Die Botschaft der Apostelgeschichte. Ein exegetisch-homiletischer Kommentar, Holzgerlingen 2000, S. 132.

[2] Erschienen 1988. 1989 zum »Sachbuch des Jahres« gewählt; bis heute etliche Nachauflagen, außerdem in zahlreiche Sprachen übersetzt.

[3] Uta Ranke-Heinemann, Nein und Amen. Anleitung zum Glaubenszweifel, Hamburg 1992. Spätere, überarbeitete Auflagen ersetzen den ursprünglichen Untertitel durch *Mein Abschied vom traditionellen Christentum.*

[4] So Hans Peter Royer, Leiter des Fackelträger-Zentrums »Tauernhof« in Schladming/Österreich, in einem Vortrag auf der Jahreskonferenz der Evangelischen Allianz in Bad Blankenburg 2009.

[5] Philip Yancey, Gnade ist nicht nur ein Wort. Wie Gottes Güte unser Leben auf den Kopf stellt, Wuppertal 2006, S. 260.

Dein Reich komme

Matthäus 6,10a

Jedes Jahr bestaunen Tausende von Touristen die Trümmerreste und Ausgrabungen an den antiken Stätten. Die Reste der imposanten Anlagen und Bauwerke zeugen von längst vergangenen Groß- und Weltreichen, ob das nun bei den Inkas in Peru, den alten Ägyptern am Nil, den Römern, den Griechen oder in China ist. Die Spuren der Vergangenheit führen uns deutlich vor Augen, dass die Menschen schon immer bestrebt waren, ihre Reiche aufzurichten und zu sichern. Ich weiß nicht, auf welchem Trümmerfeld, an welcher Ausgrabungsstätte, in welchem Palast oder Tempel wir vielleicht einmal während eines Urlaubs oder einer Studienreise stehen werden. Aber es ist gut, sich bewusst zu machen, dass die Reiche dieser Welt kommen und gehen. Das gilt ebenso für die westliche Zivilisation, in der wir leben. Auch sie wird einmal untergehen, wie jedes andere Reich bisher untergegangen ist. Es gibt nur ein Reich, das Bestand haben wird für alle Zeiten und für die Ewigkeit – Gottes Reich, um dessen Kommen wir im Vaterunser beten: *»Dein Reich komme.«*

Das Reich Gottes – verheißen und erwartet

Der Prophet Daniel, der wie kein anderer Mensch von Gott befähigt war, Träume und Visionen zu deuten, sieht in einem gewaltigen Traum die Weltreiche dieser Erde kommen und gehen. Er sieht sie in Form von Tieren. Zuerst das babylonische Reich, darauf das medopersische Reich, dann das Reich Alexanders des Großen. Alexander drang vom kleinen Griechenland aus bis nach Indien vor. Er bezwang das persische Großreich in unersättlicher Eroberungslust und herrschte auf drei Kontinenten. Dann folgt das römische Reich, das dem Mittelmeerraum jahrhundertelang die *Pax Romana,* den »römischen Frieden«, bescherte. Rom war die universale Weltmacht in vor- und frühchristlicher Zeit, mit einer Ausdehnung von England bis Südrussland, von Mauretanien bis zum Sudan, vom Atlantik bis zum Kaukasus. In seinen Grenzen breitete sich ein neuer Glaube aus, das Christentum. Der römische Panther führt sich auf, als habe er göttliche Eigenschaften und göttliche Herrlichkeit. In diesem Anspruch, Gott selber zu sein, kündigt sich schon das Wesen des Antichristen an. Schließlich sieht Daniel die Nachfolgestaaten Roms und dann das antichristliche Endreich, in dem sich eine enorme Macht konzentrieren wird, mehr Macht als in allen vorangehenden Reichen zusammen. Das ist das letzte irdische Reich. Nach ihm kommt ein völlig anderes Reich, eines mit einer neuen Qualität: Gottes Reich. Daniel sieht in diesen Bildern, dass die Weltgeschichte dort mündet, von wo sie ausgegangen ist: am Thron Gottes. Gott behält die Fäden in der Hand.

Seit jeher träumen die Menschen von Frieden, Gerechtigkeit, Sicherheit und Wohlstand. Von einem Reich und einer Herrschaft, die genau das auf Erden ermöglichen und sichern. Manchem Diktator hat dieser Traum zur Macht verholfen. Alle haben die Menschen böse getäuscht und bitter enttäuscht. Sie haben ein Friedensreich, ein Paradies auf Erden versprochen und am Ende Millionen in Elend, Verzweiflung und einen schrecklichen Tod getrieben. Wie viele Menschen mussten ihr Land und ihr Zuhause verlassen, manchmal binnen 24 Stunden und unter Androhung der Todesstrafe, weil sie sich als Christen und zu den Lehren der Bibel bekannt haben. Wie etwa die französischen Hugenotten. Ungefähr 200.000 verließen damals als Flüchtlinge ihre Heimat, um dem Tod, der Haft oder der Galeerenstrafe zu entgehen.

Auch zurzeit von Jesus träumten viele vom davidischen Messias, der das römische Imperium überwinden, die Besatzer rausschmeißen und ein Friedensreich herstellen würde. Viele werden zustimmen, wenn ich sage, dass die moderne westliche Demokratie die bisher beste Form ist, der Verwirklichung eines solchen Reiches in Frieden und Gerechtigkeit näher zu kommen. Altkanzler Helmut Schmidt sagte in einem Interview mit Sandra Maischberger: »Demokratie hat viele, viele

Schattenseiten und Schwächen und Versuchungen. Und trotzdem hat Churchill recht: Die Demokratie ist die schlechteste aller Regierungsformen – abgesehen von denen, die wir schon vorher ausprobiert haben. Aber ideal in dem Sinne, dass Demokratie eigentlich unfehlbar sei, das zu glauben ist ein schwerer Irrtum.«

Auch wenn wir dank demokratischer Prozesse Frieden, Freiheit und Gerechtigkeit näher kommen, müssen wir ganz sachlich festhalten, dass die Menschen dadurch keineswegs einem inneren Frieden näher gekommen sind. Die innere Unzufriedenheit und Leere, der Hass, der Neid, die Sinnlosigkeit des Lebens, die Gier nach mehr zeigen, dass wir weit entfernt sind von einem Reich des Friedens und der Gerechtigkeit. Sehr weit. Bleibt solch ein Reich doch nur eine Illusion? Eine Träumerei von Schwärmern und Fantasten?

Schon im Alten Testament hat Gott eine neue Perspektive gegeben. Dieser neue Fokus propagiert keine bessere Methode, wie ein Friedensreich zu verwirklichen sei. Es ist vielmehr ein Ausblick auf den »Messias«, den von Gott gesandten Friedensfürsten, der ein Reich des Friedens schaffen wird. Der Prophet Jesaja kündigt an (9,5–6): *»Denn uns ist ein Kind geboren, ein Sohn ist uns gegeben, und die Herrschaft ruht auf seiner Schulter; und er heißt Wunder-Rat, Gott-Held, Ewig-Vater, Friede-Fürst; auf dass seine Herrschaft groß werde und des Friedens kein Ende auf dem Thron Davids und in seinem Königreich, dass er's stärke* *und stütze durch Recht und Gerechtigkeit von nun an bis in Ewigkeit.«*

Die Verknüpfung von Herrschaft und Kind mutet auf den ersten Blick grotesk an. Ohnmacht und Abhängigkeit würden wir viel eher mit einem Baby verbinden als Souveränität und Herrschaft. Gott, der ein hilfloses Kind wird und sich dann qualvoll umbringen lässt – das ist in der Tat alles andere als das Bild eines souveränen Herrschers. Und doch: Auf diesem Kind liegt die Regierungsverantwortung für Israel und für alle Völker dieser Erde. Mit ihm kommt Gottes Reich, ist es eingebrochen in die Zeit, ist es mitten unter uns. Denn vor diesem Kind muss sich einmal jeder Herrscher verantworten und beugen. Und vor diesem Kind zerbricht jeder eigene Herrschaftsanspruch. Jesaja zeigt, dass dieses neue Reich mit einer Geburt beginnt. Es beginnt nicht mit Gewalt, sondern mit Ohnmacht. Es beginnt in Niedrigkeit, in Schwachheit; ganz anders, als wir es uns wünschen oder vorstellen.

Doch eines Tages wird Jesus diese Herrschaft sichtbar wahrnehmen. Wenn er als der König aller Könige wiederkommt und sein Reich auf dieser Erde aufrichtet. Dann wird er uneingeschränkt herrschen. Johannes beschreibt das in Offenbarung 19,15.16: *»Und aus seinem Munde ging ein scharfes Schwert, dass er damit die Völker schlage; und er wird sie regieren mit eisernem Stabe; und er tritt die Kelter, voll vom Wein des grimmigen Zornes Gottes, des Allmächtigen, und trägt einen*

Namen geschrieben auf seinem Gewand und auf seiner Hüfte: König aller Könige und Herr aller Herren.«

Der König aller Könige und der Herr aller Herren herrscht jetzt nur da, wo wir ihn einlassen, wo wir ihn einladen und ihm Raum geben. So beginnt Gottes Reich heute immer wieder: Ein paar unbedeutende Leute treffen sich zum Gebet, sie starten einen Hauskreis, sie beginnen irgendwann mit einem Gottesdienst und verkünden eine neue Herrschaft. Sie teilen ihr Leben mit einer neuen Hoffnung und Perspektive und werden ein Teil von Gottes Reich.

Das Reich Gottes – gewaltlos, aber doch machtvoll

Kein Reich dieser Welt ist ohne den Einsatz von Gewalt zustande gekommen. Und weltliche Reiche können auch nicht ohne Gewalt bestehen. Dass unser deutsches Volk eine friedliche und gewaltlose Wiedervereinigung erleben durfte, ist ein unbegreiflicher Segen Gottes angesichts der Tatsache, dass wir versucht haben, Gottes Volk, die Juden, auf brutalste Weise auszulöschen.

Jesus knüpft ausdrücklich an die Sicht des Alten Testaments vom Reich Gottes an. Als er von Pilatus verhört wird, stellt er fest (Johannes 18,36): *»Mein Reich ist nicht von dieser Welt; wenn mein Reich von dieser Welt wäre, so hätten meine Diener gekämpft, damit ich den Juden nicht in die Hände falle. Aber mein Reich ist von ganz anderer Art.«* Die Anklage der Juden gegen Jesus lautete, dass er behauptete, der König der Juden zu sein. Nun hätte jeder Verbrecher abgestritten, ein Reich aufrichten zu wollen. Aber Jesus überrascht Pilatus wahrscheinlich eiskalt, als er sagt, dass er ein Reich habe. »Ja, *mein* Reich existiert, aber es ist ganz anders, als du, Pilatus, es dir vorstellst. Mein Reich ist nicht von dieser Welt.« Die anderen Weltreiche vergehen mit dieser Welt, wie Daniel es schon gesehen hat. Aber das Reich des Menschensohnes, wie Jesus es in seinen Gleichnissen bezeichnet, ist eine ewige Herrschaft. Es ist ein Reich, *»das die Pforten der Hölle nicht überwinden können«* (Matthäus 16,18). Und sofort gibt Jesus Pilatus auch einen Beweis für seine Behauptung. »Pilatus, wenn mein Reich von dieser Welt wäre, dann hätten meine Leute darum gekämpft, dass ich den Juden nicht ausgeliefert werde. Aber ich habe meinen Dienern befohlen, ihr Schwert in die Scheide zu stecken.« Pilatus hat bis dahin noch nie gehört, dass eine messianische Bewegung nicht kämpft. Sonst kämpften die jüdischen Messiasanwärter mit allen Mitteln – bis zum blutigen Ende. In Apostelgeschichte 5,36 wird von einem Theudas berichtet, der mit 400 Männern einen Aufstand anzettelte. Aber Jesus sagt einfach: Mein Reich ist nicht von hier. Doch Pilatus hat bei aller Überraschung sehr gut verstanden. Denn er fragt zurück. »Du bist also doch ein König?« Da klingt ein Staunen darüber an, dass Jesus sich nicht herauswinden will.

Ja, er ist der König eines unsichtbaren Reiches und doch wird es sichtbar. Es ist zu sehen, weil es Licht in die Finsternis wirft. Und zu schmecken ist es, weil es Salz ist, weil es dem Verfall und dem Fäulnisprozess entgegenwirkt.

Das Reich Gottes ist gewaltlos und doch machtvoll, weil sein Herrscher alle Gewalt besitzt im Himmel wie auf Erden (Matthäus 28,18). Wenn wir beten: *»Dein Reich komme«,* dann wissen wir, dass für uns Gewalt kein Mittel zur Durchsetzung dieses Reiches ist. Das hat nichts damit zu tun, dass man nicht Macht ausüben und Verantwortung tragen kann. Ja, sich seiner Verantwortung zu stellen ist zweifellos sehr oft mit Macht und manchmal auch mit einer Form von Herrschaft verbunden. Aber es gibt eine feine Grenzlinie zwischen legitimer Machtausübung und illegitimer Gewaltanwendung und die ist nicht immer leicht auszumachen und einzuhalten. Doch genau dazu sind wir als Christen herausgefordert: unsere Macht zum Wohl aller Menschen einzusetzen und sie nicht zum eigenen Vorteil zu missbrauchen.

Ein verantwortlicher Staat kann zum Schutz seiner Bürger Polizeigewalt und im Extremfall auch Waffengewalt einsetzen. Aber dem Reich Gottes und der Gemeinde Jesu wird mit illegitimer Gewalt nur geschadet. Es breitet sich nicht durch Waffenstärke, sondern durch die Kraft des Glaubens und die Macht der Liebe aus. Schon im Alten Testament wird dieses Prinzip benannt (Sacharja 4,6): »*Es soll nicht durch Heer oder Macht, sondern durch meinen Geist geschehen.*« Das wurde zu Pfingsten in Jerusalem deutlich. Als der Geist da war, breitete sich das Reich Gottes rasant aus. Von Jerusalem nach Samarien, nach Antiochien, nach Ephesus, über den äthiopischen Finanzminister nach Nordafrika, über Paulus nach Philippi, den ersten Ort in Europa. Die Apostelgeschichte des Lukas beschreibt diese machtvolle und doch gewaltlose Ausbreitung des Reiches Gottes eindrücklich, obwohl man diesem neuen Reich oft mit Gewalt begegnete.

Immer wenn versucht wurde, die Kirche mit Gewalt und Machtausübung zu vervollkommnen, sei es durch Päpste oder durch Revolutionen, war die Gefahr groß, dass dies in Extreme und in blutigen Terror ausartete.[1] Der englische Bischof Lesslie Newbigin sagte: »Das Vorhaben, den Himmel auf die Erde herabzubringen, führt immer dazu, dass die Hölle von unten heraufgeholt wird.«[2] Es ist einfach eine geschichtliche Tatsache, dass, wann immer sich die Kirche mit dem Staat verband, sie viel eher der Neigung folgte, Macht auszuüben, statt Gnade walten zu lassen.

Kreuzfahrer verwüsteten das Land bis weit in den Orient. Priester machten gemeinsame Sache mit Soldaten und »bekehrten« ganze Kontinente unter Androhung und Ausübung von brutaler Gewalt. Die Inquisition machte Jagd auf Juden, verbrannte Hexen und richtete vermeintliche Ketzer hin. John Wyclif, Johanna von Orléans und Jan Hus, den man 1415 in Konstanz verbrannte, gehören zu den bekanntesten Opfern.

Im Jahr 2009 wurde vielfach an den 500. Geburtstag von Johannes Calvin erinnert. Wirkungsgeschichtlich betrachtet ist Calvin weltweit der einflussreichste Reformator. Seine *Institutio Christianae Religionis* (»Unterricht in der christlichen Religion« – in etwa vergleichbar Luthers Katechismus), die er mit 26 Jahren verfasste, wird zu den zehn oder zwanzig Bücher der Welt gerechnet, die den Alltag der Geschichte bestimmt und das Gesicht Europas verändert haben. Und doch war der große Reformator ein rigoroser Mann. In der Stadt Genf, seiner Wirkungsstätte, wurde sichtbar, was passiert, wenn das Reich der Welt und das Reich Gottes ein und dasselbe sein sollen. Dort konnten Beamte jeden vorladen und über Glaubensangelegenheiten befragen. Der Gottesdienstbesuch war Pflicht. Es wurde sogar per Gesetz geregelt, wie viele Gänge bei einer Mahlzeit gereicht werden durften oder welche Farben für die Kleidung angemessen waren. Verboten waren: Essgelage, Tanzen, Singen, Bilder, Standbilder, Reliquien, Kirchenglocken, Orgeln, Altarkerzen, »unanständige oder unchristliche« Lieder, der Besuch von Bühnenspielen und Theater, das Tragen von Rouge, Schmuck, Spitzen oder unziemlicher Kleidung, respektloses Reden über Vorgesetzte, extravagante Vergnügungen, Fluchen, Glücksspiel, Kartenspiele, Jagen, Trunkenheit, andere als alttestamentliche Namen für Kinder.

Ein Vater, der seinen Sohn Claude taufte (ein Name, der im Alten Testament nicht vorkommt), musste vier Tage ins Gefängnis; ebenso eine Frau, deren Haartracht eine »unsittliche« Höhe hatte. Ein Kind, das seine Eltern geschlagen hatte, wurde enthauptet. Jede unverheiratete Frau, die schwanger war, wurde ertränkt. Ein Stiefsohn und eine Schwiegertochter Calvins wurden hingerichtet, weil sie mit ihren jeweiligen Liebhabern im Bett erwischt wurden.[3]

Jesu Reich ist ein gewaltfreies Reich. Als die Jünger sich stritten, wer der Größte unter ihnen sei, stellte Jesus klar (Lukas 22,25–27): *»In dieser Welt unterdrücken die Herrscher ihre Völker, und rücksichtslose Machthaber lassen sich als Wohltäter feiern. Aber so darf es bei euch nicht sein. Der Erste unter euch soll sich allen anderen unterordnen, und wer euch führen will, muss allen dienen.«* Wenn wir beten: *»Dein Reich komme«*, dann haben wir im Blick, dass es sich nicht um ein Reich der Unterdrückung, sondern der Befreiung handelt, nicht um ein Reich des Herrschens, sondern des Dienens.

Das Reich Gottes – schon begonnen, aber noch unvollendet

Jesus begann seine öffentliche Wirksamkeit, als er etwa dreißig Jahre alt war, mit den Worten (Markus 1,15):

»Die Zeit ist erfüllt, das Reich Gottes ist nahe. Kehrt um und glaubt diese gute Botschaft!« Dass das im Alten Testament angekündigte Reich Gottes schon angebrochen ist, drückt er unmissverständlich aus (Lukas 11,20): *»Wenn ich aber durch Gottes Finger die bösen Geister austreibe, so ist das Reich Gottes zu euch gekommen.«* Jesus hat das in vielen Gleichnissen immer wieder deutlich gemacht: *»Das Reich Gottes kann man vergleichen mit einem Bauern und der guten Saat, die er auf sein Feld säte.«* (Matthäus 13,24) Oder auch: *»Mit dem Reich Gottes ist es wie mit einem Senfkorn.«* (Matthäus 13,31) Dies sind Bilder, die deutlich machen, dass Gottes Reich wächst und heranreift. Auch in den vierzig Tagen nach seiner Auferstehung redete Jesus mit seinen Jüngern von diesem Reich (Apostelgeschichte 1,3). Als seine Jünger ihn einmal fragten, wann es denn kommen werde, gab er ihnen zur Antwort (Lukas 17,20.21): *»Das Reich Gottes kann man nicht sehen wie ein irdisches Reich. Niemand wird euch sagen können: ›Hier ist es!‹, oder: ›Dort ist es!‹ Das Reich Gottes ist schon jetzt da, mitten unter euch.«*

Wo Jesus gegenwärtig ist, hat Gottes Reich schon begonnen. Und trotzdem bitten wir: *»Dein Reich komme«*, weil es noch viel weiter geht und noch mehr umfasst als das, was wir heute schon erleben dürfen. Wenn ein Mensch Frieden mit Gott durch den Glauben an Jesus gefunden hat, dann hat das Reich Gottes bei ihm begonnen. Wenn eine lebendige Gemeinde

Jesus als Retter und Herrn bezeugt, ist das ein mächtiger Hinweis auf die begonnene Herrschaft Gottes.

Doch Gottes Verheißung zielt auf ein vollkommenes Reich, in dem für alle erkennbar das Böse überwunden ist und Frieden und Gerechtigkeit herrschen. Die gesamte Heilige Schrift schaut diesem Tag entgegen. Die Sehnsucht nach diesem ewigen Reich, in dem es kein Leid, kein Geschrei, keinen Schmerz, keine Trauer und keinen Tod mehr geben wird, halten wir mit der Bitte *»Dein Reich komme«* wach. Weil es so unvergleichlich anders sein wird als alles, was wir jetzt kennen und erfahren, bitten wir: *»Dein Reich komme.«*

Das Reich Gottes – dabei sein oder ausgeschlossen sein

Keiner kann das Neue Testament lesen, ohne deutlich zu sehen, dass das Kommen des Reiches Gottes zweierlei Konsequenzen hat: Die einen sind dabei, sie haben Teil an Gottes Herrschaft, sie erleben das Ende allen Leids und aller Tränen. Für die anderen aber gibt es ein endgültiges und unwiderrufliches Ausgeschlossensein von diesem Reich. Jesus macht das in drei Endzeitgleichnissen in Matthäus 25 (von den zehn Jungfrauen, von den anvertrauten Talenten und vom Weltgericht) deutlich. Es gibt ein Zu-spät. Es gibt ein Drinnen und Draußen.

In der Bergpredigt erzählt Jesus von zwei Wegen. Es gibt einen breiten Weg mit vielen Möglichkeiten, sich zu vergnügen, auf dem unglaublich viele Menschen unterwegs sind; und es gibt einen schmalen Weg (Matthäus 7,13.14): *»Geht ein durch die enge Pforte, denn weit ist die Pforte und breit der Weg, der zum Verderben führt, und viele sind es, die auf ihm hineingehen. Denn eng ist die Pforte und schmal der Weg, der zum Leben führt, und wenige sind es, die ihn finden.«*

Ins Reich Gottes kommt man nur durch die enge Pforte. Um durchzupassen, muss ich mich klein machen, alle Schuld ablegen. Jesus hat den Menschen damals erklärt, dass es nur zwei Tore und zwei Wege gibt. Viele finden das ziemlich einengend. Sie wollen einen Mittelweg. Sie wollen das Reich Gottes nicht ganz beiseite lassen, denn sie spüren, es bietet eine faszinierende Art, mit Sinn und Ziel und befreit leben zu können. Aber sie wollen auch den Weg des Glaubens nicht konsequent gehen, vielleicht weil sie meinen, er hindere sie an der vollen Entfaltung ihres Lebens. Doch Jesus macht mit dieser Bildrede unmissverständlich deutlich: Es gibt keinen dritten Weg.

Mit der Verkündigung des Reiches Gottes war bei Jesus immer der Ruf zur Umkehr verbunden, die herzliche Bitte, sich ihm selbst zuzuwenden. Jesus ist die Tür zum Reich Gottes. So hat er sich selbst bezeichnet (Johannes 10,9): *»Ich bin die Tür, wenn jemand durch mich eingeht, wird er errettet werden.«*

Wenn wir also im Vaterunser beten: *»Dein Reich*

komme«, dann ist das ein Hinweis auf den Ernst der Lage, auf die Möglichkeit, dabei zu sein oder ausgeschlossen zu sein. Es ist ein Hinweis darauf, dass wir einmal Rechenschaft vor dem Herrscher dieses Reiches ablegen müssen.

Deshalb lade ich immer ein, sein Leben Jesus Christus anzuvertrauen. Noch ist Zeit, einzutreten ins Reich Gottes, das lange verheißen und erwartet wurde. Das gewaltlos, aber doch machtvoll ist. Das schon begonnen hat, aber noch nicht vollendet ist. Wir dürfen dazugehören. Wir sind eingeladen. Gibt es irgendetwas, was uns abhält, in dieses herrliche und ewige Reich zu kommen?

Anmerkungen

[1] Philip Yancey, Gnade ist nicht nur ein Wort. Wie Gottes Güte unser Leben auf den Kopf stellt, Wuppertal 2006, S. 230.

[2] Lesslie Newbigin, Den Griechen eine Torheit. Das Evangelium und unsere westliche Kultur, Neukirchen-Vluyn 1989.

[3] Philip Yancey, Gnade ist nicht nur ein Wort. Wie Gottes Güte unser Leben auf den Kopf stellt, Wuppertal 2006, S. 229 f.

Dein Wille geschehe
Matthäus 6,10b

Wohl jeder von uns kennt Menschen, die einen ausgesprochen starken Willen haben, die über ein enormes Durchsetzungspotenzial verfügen. Manchmal bewundern wir sie auch dafür. Oliver Kahn etwa war für mich so ein Gigant. Einer, der Willensstärke zeigte und Kurs hielt, selbst wenn alle anderen um ihn herum schon aufgesteckt hatten. Solche Menschen finden intuitiv Mittel und Wege, ihren Willen durchzusetzen.

Es gibt auch andere, eher willensschwache Menschen. Marionetten, Willenlose, die sich von jedem Wind hin und her treiben lassen. Die nie so genau wissen, was sie eigentlich wollen; die lavieren und zaudern. Und irgendwie tragen wir beide Muster, die Willensstärke und die Willenlosigkeit, mal stärker und mal schwächer, in uns selbst. Je nach Veranlagung und momentaner Verfassung und Stimmungslage. Es ist nicht ganz einfach mit unserem Willen.

Stimmt es, was Friedrich von Schiller gesagt hat: »Des Menschen Wille, das ist sein Glück«? Jedenfalls kann mir meine Willensstärke genauso zum Verhängnis werden wie meine entsprechende Schwäche. Und wenn wir unseren Willen nicht in den Dienst einer höheren Sache stellen, dann kann er zum puren Egoismus ausarten.

Die dritte »Dein«-Bitte im Vaterunser spiegelt genau das, was Jesus in seinem Leben getan hat, auch am tiefsten Punkt seines irdischen Daseins im Garten Gethsemane. *»Dein Wille geschehe wie im Himmel so auf Erden.«* Jesus hat den Willen Gottes voll und ganz erfüllt. Und wer diese Bitte ausspricht, der stellt sich quasi an die Frontlinie und bittet: Jesus, forme mich. Mach mit mir, was du willst! Mach mich nicht willenlos, sondern bringe meinen Willen mehr und mehr in Einklang mit deinem Willen!

Wer diese Bitte ausspricht, der tut das auf dem dunklen Hintergrund einer Gesellschaft, die es verlernt hat, nach Gottes Willen zu fragen. Es könnte ja sonst vielleicht einen Interessenskonflikt mit meinem Willen geben. Und selbst bei uns Christen kann es den geben. Denn unser Beten, seien wir doch ehrlich, ist im Grunde genommen oft genug der Versuch, Jesus zu bitten, dass *unser* Wille, dass *mein* Wille geschieht. Natürlich tun und sagen wir das nicht so offen. Wir formulieren es gut getarnt als frommen Wunsch. Natürlich beten wir nicht offen: *»Mein* Wille geschehe« – aber leben wir nicht häufig so?

Leo Tolstoi hat einmal gesagt: »Das Glück besteht nicht darin, dass du tun kannst, was du willst, sondern darin, dass du auch immer willst, was du tust.« Ein genialer Satz, doch der zweite Teil glückt uns eben noch viel zu selten! Wie viel Bitterkeit, Ärger, Lieblosigkeit und böse Gedanken sind oft in einem Raum, weil uns unser Wille so unendlich wichtig ist. Da kann sich so viel anstauen, weil unser Wille nicht berücksichtigt wird oder nicht in Erfüllung geht. Wie oft versuchen wir, einfach nur unseren Willen durchzudrücken, im Alltag, im Beruf, in der Familie, in der Ehe. Dabei tappen wir in die Egoismusfalle und verarmen, weil wir die Fähigkeit verlieren, am Leben und am Schicksal anderer wirklich Anteil zu nehmen. Genau das jedoch hat Jesus getan, der Gottes Willen gelebt hat: Er hat intensiv Anteil genommen am Leben der Menschen.

Der eigene Wille ist eine unbändige Kraft. Er muss gezähmt, gebändigt und geformt werden. Paulus sagt in Römer 8,8: *»Die vom eigenen Willen bestimmt sind, können Gott nicht gefallen.«* Im griechischen Text steht hier das Wort *Fleisch,* das die alte Lutherübersetzung treffend mit dem *eigenen Willen* wiedergibt.

Es geht nicht darum, wie es der Titel eines Buches nahelegt: *Bitte, schlag mein Ego tot!* Bei so einer Formulierung weiß man ja nicht, ob man lachen oder weinen soll. Nein, es geht um die Loslösung vom eigenen Ich mit dem Ziel, eine unabhängige, in Gott ruhende Persönlichkeit zu werden. Seinen Willen dem Willen Gottes unterzuordnen wird somit zur Persönlichkeitsstärke. Johannes vom Kreuz (1542–1591) hat es gut auf den Punkt gebracht: »Man fragte einmal den ehrwürdigen Pater Johannes vom Kreuz, wie man zur Ekstase komme. Dieser antwortete, indem man den eigenen Willen verleugne und den Willen Gottes tue.

Denn Ekstase sei nichts anderes als ein Über-sich-Hinausgehen der Seele und Sich-von-Gott-ergreifen-Lassen, und das geschehe nur dem, der Gott Folge leiste. Das nämlich bedeute vom Eigenwillen fortgehen und, so befreit vom Ballast, gehe man in Gott auf.«[1]

Die Frage nach dem Willen Gottes ist eine zentrale Frage im Leben des Christen. *»Dein Wille geschehe!«* Martin Luther hat 1519 geschrieben, diese Bitte sei eine »gefürchtete Bitte«, weil »Gott uns in diesem Gebet gegen uns selbst bitten heißt. Damit lehrt er uns, dass wir keinen größeren Feind haben als uns selber. Denn unser Wille ist der Größte in uns, und gegen ihn müssen wir bitten.«

Wer also so betet, dessen Lebenskurs erfährt eine 180-Grad-Wende. Es ist geradezu das Indiz einer aufrichtigen Bekehrung, dass ein Mensch plötzlich mehr am Willen Gottes interessiert ist als am eigenen.

Paulus schrieb den Christen in Kolossä (1,9): *»Wir haben nicht aufgehört, für euch zu beten und Gott darum zu bitten, dass ihr seinen Willen erkennt.«* Darum geht es in der Nachfolge! Jesus hat es uns vorgelebt. Er kam, um Gottes Willen zu erfüllen. *»Meine Speise ist, dass ich den Willen dessen tue, der mich gesandt hat, und sein Werk vollbringe«,* sagte er seinen Jüngern (Johannes 4,34). Es ist nicht eine Nachspeise, es ist die Hauptmahlzeit meines Lebens, dass ich Gottes Willen tue.

Wie das Stillen unseres Hungers eine Befriedigung schafft, so kehrt großer Friede ein, wenn ich im Gleichklang mit dem Vater lebe. Es ist kein Verdienst, genauso wenig wie das Stillen des Hungers eine Leistung oder ein Verdienst wäre. Es war für Jesus ein Bedürfnis. Und trotzdem gab es Situationen, in dem ihm das nicht leichtfiel. Denn er war auch ganz Mensch. Als er im Garten Gethsemane kniete und am Ende war, weil er Himmel und Erde wieder zusammenbringen wollte, schrie er: *»Abba, mein Vater, alles ist dir möglich, nimm diesen Kelch von mir! Doch nicht was ich will, sondern was du willst, geschehe!«* Ein gewaltiges Gebet. Und es geschah, was Gott wollte. Jesus fügte sich. Selbst der Sohn Gottes unterstellte sich dem Willen des Vaters. Paulus schrieb später in Philipper 2,8: *»Er wurde gehorsam bis zum Tod.«*

Jesus lehrt uns im Grunde exakt so zu beten, damit geschieht, was Gott will. Nicht nur in unserem Leben, auch nicht nur in der Gemeinde, sondern überall auf dieser Erde. Und zwar durch uns! Auch wenn es nicht ganz so einfach ist. Denn es hat seinem Preis.

Viele Menschen reden nur fromm. Jesus hat das damals schon genau erkannt. In Matthäus 7,21 lesen wir: *»Nicht wer mich dauernd ›Herr‹ nennt, wird in Gottes neue Welt kommen, sondern wer den Willen meines Vaters im Himmel tut.«* Es geht darum, Gottes Willen zu tun. Jeden Tag neu. Jeden Morgen, wenn wir aufwachen und aus dem Bett steigen, geht es wieder neu darum, Gottes Willen zu tun. Seiner Familie sagte Jesus einmal (Matthäus12,50): *»Denn wer den Willen meines Vaters* *im Himmel tut, der ist mein Bruder, meine Schwester und meine Mutter.«*

Ob wir zu Jesus gehören, zeigt sich also nach Jesu eigenen Worten daran, ob wir seinen Willen tun. Und ebenda beginnt für viele das Problem. Was ist denn Gottes Wille für mich und für mein Leben? Ich halte das für eine berechtigte Frage, die aber auch ein Ablenkungsmanöver sein kann. Es gibt nämlich Leute, die ständig Gottes Willen neu problematisieren, anstatt anzufangen, ihn da zu tun, wo er klar ist.

Was Gottes konkreter Wille für diese Welt ist, erfahren wir aus seinem Wort. Hier hat Gott sich in einem langen Prozess in der Geschichte in sehr unterschiedlichen Situationen offenbart und festgelegt. Und er hat das getan, damit wir Menschen seinen Willen verstehen können.

Eine grundlegende Willenserklärung Gottes finden wir in den Zehn Geboten. Sie sind die Basics für ein gelingendes Leben in Würde und Freiheit. Nun gibt es manche Christen, denen reicht diese Willenserklärung nicht aus. Sie wollen gerne noch mehr Details, um nur nichts verkehrt zu machen. Sie hätten am liebsten wie die Pharisäer noch ungezählte Untergebote und Spezialerklärungen. Ein Rezept, eine Bedienungsanleitung für jede denkbare Situation.

Genau das ist ein Problem. Gott will keine Marionetten, die nach seinem Strippenzug tanzen. Der lebendige Gott will Geschöpfe, die in einem vorgegebenenen Rahmen eigenverantwortlich entscheiden. Gottes Willen zu tun bedeutet nicht Ergebenheit in ein Schicksal, sondern es beinhaltet eine Aufgabe, einen herausfordernden Auftrag. Er hat uns sein Wort in der Bibel gegeben und einen Verstand zum Lesen und Verstehen. Darum sagt Paulus in Römer 12,2: *»Prüft, was der Wille Gottes ist.«* Und er nennt zwei Voraussetzungen. Erstens: Wir dürfen uns nicht dem Wesen dieser Welt anpassen. Gottes Willen tun, das funktioniert nur, wenn wir nicht automatisch die Denkstrukturen der Welt übernehmen. Denn gerade sie verhindern ja nur allzu oft, dass Gottes Wille geschieht. Und eine zweite Voraussetzung: *»Lasst euch umgestalten durch die Erneuerung eures Denkens.«* Das heißt, wir sollen uns verändern und prägen lassen von einem neuen Denken, das uns der Art von Jesus ähnlich macht.

Gottes Wille kann auf Erden aber nur geschehen, wenn ich mich der Not dieser Welt nicht verschließe. Es geht also einerseits um klare Abgrenzungen, andererseits um eine deutliche Zuwendung hin zur Welt. Ich muss mich damit auseinandersetzen, wie Jesus in dieser Welt gelebt hat. Erst dadurch kann im Einzelfall deutlich werden, was Gottes konkreter Wille ist.

Wer bittet: *»Dein Wille geschehe«,* und prüft, was Gottes Wille sein kann, der hält eine Situation offen. Der verrennt sich nicht in seinen Willen und seine Idee. Und selbst wenn wir in eine bestimmte Richtung gehen, weil wir uns irgendwie entscheiden müssen, wissen wir: Die Situation bleibt offen. Wir glauben, letztlich wird Gottes Wille geschehen. Auch dann, wenn wir eine schwierige Entscheidung treffen müssen. Auch dann bleibt die ganze Situation in seiner Hand!

Neben diesem großen Rahmen, den Zehn Geboten, hat Gott seinem Willen ein menschliches Gesicht gegeben in Jesus Christus. In Jesus wird Gottes Wille hell und klar. An ihm und durch ihn wird deutlich, dass Gottes Wille Liebe ist und auf Errettung zielt.

Die größte Tragödie dieser Welt ist, dass Menschen verloren gehen, weil sie sich von Gott abgewandt haben. Der Mensch hat durch sein Verhalten den ursprünglichen Schalom zerstört und eine Welt voller Unfrieden und Probleme verursacht. Diese Emanzipation von Gott hat unsere Gottesebenbildlichkeit aus dem Lot gebracht. Und sie ist fast gänzlich verblasst. Unsere wahre Identität ist nur noch als Fragment erkennbar. Gottes tiefster Wunsch ist, dass unser Zustand wieder seinem ursprünglichen Willen entspricht. Darum kommt Jesus in unsere Welt. Er kommt, um die Macht der Sünde aufzuheben. Er kommt, um Gott und Mensch miteinander zu versöhnen. Darin wird Gottes Wille zur Rettung sichtbar. Jesus selbst sagt (Lukas 19,10): *»Der Menschensohn ist gekommen, Verlorene zu suchen und zu retten.«* Diesen Rettungswillen Gottes weiterzuführen, hat Jesus seinen Nachfolgern und damit uns aufgetragen (Markus 16,15): *»Gehet hin* *in alle Welt und predigt das Evangelium allen Menschen.«* Darum schreibt auch Paulus (1. Timotheus 2,4): *»Gott will, dass alle Menschen errettet werden und zur Erkenntnis der Wahrheit kommen.«*

Nun erliegen viele dem Irrtum, zu denken: Wenn ich mich bekehrt habe, dann habe ich ja Gottes Willen erfüllt, dann ist das Thema erledigt. Das ist aber zu kurz gedacht. Denn Gottes Wille betrifft nicht nur unsere Rettung. Er möchte, dass unser Leben nach der Errettung erst recht an seinem Willen ausgerichtet wird.

Paulus erklärt das den Christen in Thessaloniki so (1. Thessalonicher 4,3): *»Denn dies ist Gottes Wille: eure Heiligung.«* Dann macht er das an einigen Beispielen konkret, bevor er noch einmal einschärft (Vers 7): *»Gott hat uns nicht zu einem zuchtlosen Leben berufen, sondern zu einem Leben, das ihn ehrt.«* Heiligung beschreibt einen gesunden Wachstumsprozess. Das heißt: Wir stehen wieder auf, wenn wir hingefallen sind. Wir kehren um, wenn wir eine falsche Richtung eingeschlagen haben. Wir bitten um Vergebung, wo wir uns schuldig gemacht haben. Das ist Gottes Wille, und wenn wir bitten: *»Dein Wille geschehe«*, dann sollten wir bereit sein, auch unseren Teil dazu beizutragen.

Unser Wille und Gottes Wille – gewiss, da bleibt eine Spannung. Doch Gott benutzt diese Spannung als eine Kraft, die unsere Perspektive und unsere Einstellungen verändert und uns mehr und mehr in den Gleichklang mit seinem Willen bringt. Was ich damit meine, veranschaulicht die Geschichte jener Afroamerikanerin aus den Südstaaten der USA, die als Kind morgens, mittags und abends Gott auf Knien bat: »Lass doch bitte meine Haut weiß werden und meine Haare glatt und blond.« Als Erwachsene konnte sie schließlich sagen: »Gott hat meine vielen Gebete erhört und meinen Willen ernst genommen. Denn heute bin ich eine selbstbewusste schwarze Frau, die andere zu Willensstärke und zum Beten ermutigt.«

Wenn du Gott aufrichtig darum bittest, dass sein Wille in deinem Leben geschehen möge, dann findet er Mittel und Wege dazu. Sie sind freilich oft ganz anders als unsere Vorstellungen, aber am Ende sehen wir, dass sein Wille es nicht nur gut meint, sondern es »supergut« macht. Und jedes Mal, wenn Gottes Wille in unserem Leben geschieht, dann wird sein Wille auch auf dieser Erde umgesetzt und sichtbar.

Anmerkungen

[1] Johannes vom Kreuz, Weisheit und Weisung. Die Aphorismen und andere Kurzprosa, München 1997, S. 49.

Tägliches Brot

Matthäus 6,11

Der amerikanische Prediger Henry Allan Ironside († 1951), der 18 Jahre lang Pastor der berühmten Memorial Church in Chicago war, wurde einmal von einem Gast in einem Restaurant kritisiert, weil er vor dem Essen betete. Sein Tischnachbar sagte zu ihm: »Ich mache das anders. Ich setze mich hin, freue mich auf das Essen und dann haue ich rein.« Worauf Henry Allan konterte: »Ja, verehrter Herr, genauso macht es mein Hund auch!«

Die einen futtern und futtern, andere fasten und verzweifeln – das tägliche Brot wird in einer Überflussgesellschaft für viele zum täglichen Stress. Irgendwie scheint es uns schwer zu fallen, zu wissen, wann genug genug ist. Und so essen wir über das Maß. Maßlosigkeit ist kein neues Problem, sondern ein altbekanntes. Schon der griechische Philosoph Demokrit (ca. 460–370 v. Chr.) hat gesagt: »Das tierische Geschöpf weiß, wie viel es braucht, das menschliche erkennt dies nicht.« Und er hat auch gesagt: »Wenn einer das Maß überschreitet, wird das Erfreulichste zum Unerfreulichen.«

Jesus lehrt uns beten: *»Unser tägliches Brot gib uns heute!«* Was bedeutet diese Bitte für unser Leben?

Das Vaterunser hat einen ungeheuren Spannungsbogen. Es geht hier um die größten, um ewige und jenseitige Dinge und um die scheinbar kleinsten, die elementarsten Dinge. Es geht um Ewiges und um Alltägliches. Wir bitten um das kommende Reich und damit um die Veränderung aller Verhältnisse und gleichzeitig um das tägliche Brot, also um das, was wir heute zum Leben brauchen. Und wir spüren alle, dass die kleinen Dinge in unserem Leben gar nicht so nebensächlich sind. Besteht nicht unser Leben zum großen Teil aus Kleinigkeiten? Gerade deshalb taucht mitten in diesem großen Gebet die Ernährungsfrage auf.

Helmut Thielicke schildert in seiner Vaterunser-Auslegung, die er in den Kriegsjahren 1944/45 gehalten hat, sehr drastisch, dass die großen Dinge des Lebens, eine Sinfonie von Beethoven oder der Besuch einer Gemäldegalerie etwa, bei eisiger Kälte und mit knurrendem Magen bei aller Erhabenheit wenig erbaulich sind.[1] Und es ist so: Wenn wir unsere Grundbedürfnisse nicht stillen können, ist alles nichts.

Darum beginnt Jesus die Reihe der »Unser«-Bitten mit ebendieser Bitte: *»Unser tägliches Brot gib uns heute.«* Und Jesus hat entsprechend gelebt und gehandelt. Er hat den Leuten nicht nur vom Reich Gottes erzählt, sondern hat ihnen, nachdem sie ihm lange und geduldig zugehört haben, auch zu essen gegeben und ihnen damit gezeigt: So ist es im Reich Gottes; in meinem Reich werden einmal alle satt. Die Speisung der Fünftausend ist außer der Passionsgeschichte die einzige Story, die alle vier Evangelisten berichten. Alle wollen deutlich machen: Jesus sorgt sich auch um unsere irdischen Bedürfnisse! Wort und Brot gehören bei ihm zusammen.

Zunächst macht diese Bitte *»Gib uns«* deutlich: Nichts ist selbstverständlich. Wir sind und bleiben Abhängige. Immer wieder machen uns etwa Naturkatastrophen deutlich: Wir haben diese Erde und die Naturgewalten nicht im Griff, trotz aller technischen Möglichkeiten. Wir sind abhängig davon, dass uns gegeben wird. So kommen wir auf diese Welt – abhängig davon, dass unser Hunger und Durst gestillt wird, dass unser Körper bekleidet wird. *»Gib uns«* ist eine elementare Bitte!

Übrigens heißt es nicht: »Gib mir.« Nein, die Bitte steht bewusst im Plural. Der Jude pflegte zu sagen, jeder solle sich in seinen Gebeten mit der Gemeinde vereinigen. Keiner kann für sich allein existieren, ohne zu verkümmern. So wird jede Selbstsucht ausgeschlossen.

Bei dieser Bitte wird dem »Brot« ein Adjektiv an die Seite gestellt: *epiousios.* Es ist ein rätselhaftes und viel diskutiertes griechisches Wort. Luther übersetzt es mit »täglich«. Der Kirchenvater Origines bemerkte, dass ihm dieses Wort in keinem anderen Text begegnet sei; im Neuen Testament kommt es nur hier vor. Ich will uns jetzt nicht mit den exegetischen Diskussionen über dieses Wort ermüden. Im Kern meint die Bitte: Gib uns heute das, was wir benötigen. Brot ist das Notwendigste zum Leben. Die Schale des Korns ist reich an Eiweiß, Fett, Mineralstoffen, B-Vitaminen und Ballaststoffen. Im Korn sind Kohlehydrate, Natrium, Kalzium, Phosphor und Eisen enthalten. Vollkornbrot – etwas anderes gab es damals nicht – ist für die Grundversorgung des Körpers also ausreichend. Wobei es in dieser Bitte nicht nur um Nahrungsmittel geht. Es geht um die Not des heutigen Tages.

Manche Ausleger haben gefragt, ob das tägliche Brot hier nicht geistlich zu verstehen sei. Als sei die Bitte um die Stillung leiblicher Bedürfnisse zu ungeistlich. Sollte man Gott damit belästigen? Viele der frühchristlichen Bibelausleger wollten nicht wahrhaben, dass die erste Unser-Bitte des Vaterunsers wirkliches Brot zum Inhalt hat. Es schien ihnen irgendwie nicht zu den drei vorhergehenden Dein-Bitten, die Gott zum Inhalt haben, zu passen. Folglich haben sie die Bitte allegorisch ausgelegt. Die Kirchenväter Tertullian, Cyprian und Augustin sagten, Brot beziehe sich an dieser Stelle auf das unsichtbare Brot, nämlich das Wort Gottes, oder auf das Abendmahl. Der mittelalterliche Mystiker Meister Eckhart weigerte sich, »den reichen, minniglichen Gott« um solche »Kleinigkeiten« zu bitten. Eine saubere Exegese spricht aber eindeutig gegen solche Überlegungen! Die Reformatoren lehnten sie daher strikt ab. Luther sagte klar, dass mit Brot unsere Nahrung gemeint sei und alles, was wir für die Erhaltung unseres Körpers brauchen.

Die Bitte um das tägliche Brot ist nicht zufällig die erste der drei Unser-Bitten. Sie enthalten nämlich ganz offensichtlich eine Zeitfolge. In der Brot-Bitte geht es um die aktuelle Not. In der folgenden Schuld-Bitte geht es um das, was bereits geschehen ist, was wir nicht mehr ungeschehen machen können, aber was irgendwie noch in unsere Gegenwart hineinreicht. Und in der Bitte *»Führe uns nicht in Versuchung«* geht es schließlich um die Bedrohung aus der Zukunft, um die Gefahr, zu fallen oder irgendwie unter die Räder zu kommen. Diese drei Bitten umfassen unser Heute, unser Gestern und unser Morgen.

Wenn wir genau hinsehen, zeigt sich hier noch ein anderer Zusammenhang: dass Jesus uns ganz und gar im Blick hat. Unseren Körper, unsere Seele und unseren Geist. Deine Gedanken, deine Gefühle, deinen Willen. Die erste Bitte betrifft unsere nackte Existenz. Wir leben und müssen am Leben erhalten werden. Die zweite bezieht sich auf unsere so nötige Reinigung von Beschmutzung und Schuld. Und die dritte zeigt, dass wir die Bewahrung vor der Sünde und ihrer Macht brauchen.

Die Brotbitte hat nicht nur den Mangel im Auge. Sie verweigert sich auch dem Übermaß. Denn wir beten nicht um Brot in Hülle und Fülle, für die nächsten zwanzig Jahre, sondern »nach Maß«, also um das Lebensnotwendige und Ausreichende.[2] Sie umfasst also das, was in Sprüche 30,8b so ausgedrückt wird: *»Armut und Reichtum gib mir nicht; lass mich aber mein Teil Speise dahinnehmen, das du mir beschieden hast.«* Die Bitte um das tägliche Brot ist also nicht nur eine Bitte für den Armen und Bedürftigen, sie ist zugleich auch die Bitte des Menschen, der mehr hat als sein Auskommen. Es bleibt also auch unsere Bitte, obwohl wir keinerlei Mangel in unserem Land auf diesem Gebiet haben. Denn in dieser Bitte liegen auch die Selbstbescheidung und das Maßhalten. Darin kommt Genügsamkeit zum Ausdruck, eine Beschränkung auf das Nötige.

Jesus hat uns gelehrt, so zu beten, weil es keine Selbstverständlichkeit ist, immer das zu haben, was wir brauchen. Das Misstrauen will am liebsten heute schon alles für die Zukunft haben – wer weiß, was morgen sein wird? Die Bitte um das Lebensnotwendige ist also eine Bitte gegen Gier und Maßlosigkeit. Beide Übel, die des Mangels und die des Überflusses, sind nicht erst in einer globalisierten Welt miteinander verflochten. Die Bitte um das tägliche Brot ist so betrachtet eben auch die Bitte, doch von Gott abhängig bleiben zu wollen.

Um unser Brot sollen wir aber nicht nur bitten, wir sollen auch dafür arbeiten. So steht es schon in 1. Mose 3,19: *»Im Schweiße deines Angesichts sollst du dein Brot* *essen, bis du wieder zu Erde werdest, davon du genommen bist. Denn du bist Erde und sollst zu Erde werden.«* Wir leben nicht im Schlaraffenland. Auch wir in den reichen Ländern müssen für unseren täglichen Bedarf oft hart arbeiten. Paulus greift diesen Gedanken ebenfalls auf (2. Thessalonicher 3,10), indem er anmerkt: *»Wer nicht arbeiten will, der soll auch nicht essen.«* Die Tragik ist, dass Millionen Menschen auf dieser Erde gerne arbeiten würden für das Lebensnotwendige. Aber es ist keine Arbeit da. Sie vegetieren in Slums, sind auf der Flucht, leben in Kriegsgebieten, in Elend und Unterdrückung. So viele werden ausgebeutet, sind ohne Anschluss an Bildung, hoffnungslos und ohne Perspektive, und sie hungern. Es ist ein Vorrecht das keiner von uns verdient hat, dass wir in guten, geordneten und friedlichen Verhältnissen leben dürfen. Es ist ein Vorrecht, Arbeit zu haben und sein Brot verdienen zu können. Auch wenn wir manchmal unter dem Zuviel der Arbeit stöhnen.

Biblisch gesehen sind also das Gebet um und die Arbeit für das tägliche Brot gottgewollt. Und beides tun zu können ist ein Privileg: bitten zu dürfen und arbeiten zu können. Da gehört auch das Lernen in Schule, Berufsausbildung und Studium mit dazu. Denn diese Form von Lernarbeit sichert ja nicht nur meinen Broterwerb, sondern stützt und fördert auch den Erhalt unserer Gesellschaft und Gemeinschaft. Nur wer etwas gelernt hat und ausgebildet ist, kann auch Brot verdienen und eventuell auch wieder andere ausbilden, für andere Arbeit schaffen und somit Menschen ermöglichen, ihr Brot zu verdienen und ihren Lebensunterhalt zu sichern. Wer bittet: *»Gib uns«,* der sollte auch bereit sein, selbst zu geben, damit Brot verdient, gebacken und verkauft werden kann, wo immer das auf dieser Welt sein mag.

Wir bitten um das tägliche Brot, wir arbeiten für das tägliche Brot. Und ein weiterer Gedanke: Das tägliche Brot gibt uns Lebenskraft. Kraft, die nicht lange vorhält und bald wieder erneuert werden muss. Aber Kraft, die ausreicht, um das Tagwerk zu tun, das uns anvertraut ist.

In 5. Mose 33 wird berichtet, wie Mose die zwölf Stämme Israels segnete; den Stamm Asser mit dem wunderbaren Wort: *»Möge es in deinem Land Olivenbäume geben im Überfluss [...], und wie deine Tage sind, so möge deine Kraft sein.«*

Jesus hat das Alte Testament als Gottes Wort für sein persönliches Leben benutzt. Auch wir dürfen es deshalb so persönlich in Anspruch nehmen. Die Verheißung lautet: Nicht wie dein *Leben* ist, nicht wie deine *Jahre* sind, auch nicht wie deine *Wochen* sind – sondern wie deine *»Tage«* sind, so wird deine Kraft sein. Dies ist eine wunderbare Verheißung. Der allmächtige Gott – oder wie Mose ihn in Vers 27 nennt: *»der Gott der Urzeit«* – spricht dir zu: *»Wie deine Tage sind, so wird deine Kraft sein.«* Jesus lehrt uns, um das tägliche Brot zu bitten, weil Gott verheißt, uns Kraft zu geben für jeden Tag, wie er kommt.

Ich weiß, wir alle hätten gerne viel Kraft im Voraus. Das würde uns Sicherheit geben, wie ein gefülltes Konto uns Sicherheit gibt. Aber wären wir dann noch abhängig von Gott? Mal ehrlich – hätten wir dann auch morgen noch Interesse an seiner Nähe und Fürsorge? Am liebsten wäre es uns, wenn wir riesige Reserven an Vorräten wie der reiche Kornbauer hätten. Doch wahrscheinlich müsste Gott dann am Ende auch zu uns sagen: *»Du Narr!«* Die Realität ist die: Am Ende eines Tages ist unsere Kraft verbraucht. Am nächsten Morgen knurrt uns schon wieder der Magen.

Wenn wir ehrlich sind, müssen wir doch zugeben, dass wir auch nur Kraft und Brot für den heutigen Tag brauchen. Wir müssen heute das Heute bewältigen und nicht das Morgen. Wir wissen ja auch gar nicht, was morgen sein wird und ob wir das Morgen noch erleben. Jakobus hat einmal seine Leser gemahnt und gesagt (4,14.15): *»Ihr plant so großartig und wisst nicht einmal, was morgen geschieht! Was ist denn schon euer Leben? Nichts als ein leiser Hauch, der – kaum ist er da – auch schon wieder verschwindet. Darum sollt ihr immer nur sagen: ›Wenn der Herr will und wir leben, wollen wir dieses oder jenes tun.‹«*

Jesus selbst hat gesagt (Matthäus 6,34): *»Seid nicht besorgt um morgen, denn der morgige Tag, wird für sich selbst sorgen. Jeder Tag hat genug eigene Plage.«* Und er hat seine Jünger gefragt (Matthäus 6,27): *»Wer von euch kann mit all seiner Sorge sein Leben auch nur um eine kleine Zeitspanne verlängern?«* Diese Frage stellt uns Jesus heute. Und wir müssen antworten: Keiner von uns! Keiner, du nicht und ich nicht, ist in der Lage, mit Sorgen sein Leben zu verlängern.

Wenn wir kraftlos sind, brauchen wir Menschen, die uns das Brot reichen. Wie viele schwache, kranke und alte Menschen müssen gefüttert werden. Und wer weiß, wie es um uns einmal stehen wird.

In 1. Mose 14,17 ff. wird berichtet: *»Als Abraham von seiner siegreichen Schlacht gegen Kedor-Laomer und dessen Verbündete zurückkehrte […], kam Melchisedek, der König von Salem, ihm entgegen und brachte Brot und Wein mit.«* Nach manchen Schlachten und Strapazen in unserem Leben müssen wir uns stärken. Manchmal ist es unsere Pflicht, andere zu stärken, nicht nur geistlich, sondern auch körperlich; sie einzuladen, gastfreundlich zu sein und sie zu bewirten. Ja, das macht Arbeit und ein guter Wein und gutes Brot kosten auch etwas. Aber kein Geringerer als der Apostel Petrus hat die Christen ermahnt (1. Petrus 4,9): *»Seid gastfrei und klagt nicht über die vermehrte Arbeit.«* Brot und Wein sind ein Zeichen der Stärkung, und wohl den Menschen, die uns damit versorgen. Gott wird sie segnen. In Psalm 104,15 steht: *»Dass der Wein erfreue des Menschen Herz und sein Antlitz schön werde vom Öl und das Brot des Menschen Herz stärke.«*

Gott will uns mit dem, was in seiner Schöpfung wächst, erfreuen! Er möchte, dass wir aufblühen, schön sind, erstrahlen und dass unser Herz gestärkt ist.

Die Bibel sagt, dass Gott nicht nur dein Schöpfer ist, sondern auch dein Erhalter. Gott gönnt uns ja viel mehr als nur Brot. Schon im Alten Testament begegnet Gott uns als der, der sich um seine Leute kümmert. Nach der Befreiung aus Ägypten tauchte sehr schnell die beängstigende Sorge um das tägliche Brot auf. Gott versorgte sein Volk mitten in der Wüste. Das war für ihn überhaupt kein Problem. Wasser aus dem Felsen, Wachteln aus der Luft, Manna auf dem Boden (2. Mose 16). Er führte sein Volk in ein fruchtbares und üppiges Land. Das Land, in dem Milch und Honig flossen.

Gott versorgt seine Leute. Als sein Prophet Elia sich verstecken musste, weil Ahab und Isebel ihn einen Kopf kürzer machen wollten, ließ Gott ihn nicht verhungern. Morgens und abends brachten Raben ihm Brot und Fleisch (1. Könige 17,6). Das beruhigt vielleicht manchen: Brot und Fleisch. Kürzlich war in der *Badischen Zeitung* zu lesen, dass jeder Deutsche in seinem Leben durchschnittlich 1094 Tiere verspeist. Das sind, wie der Vegetarierbund ausgerechnet hat: vier Kühe oder Kälber, vier Schafe, zwölf Gänse, 37 Enten, 46 Truthähne, 46 Schweine und 945 Hühner.

Indessen – du kannst satt zu essen haben und trotzdem wird dein Hunger nach Leben nicht vom Brot allein gestillt. Schon dem Volk Israel wurde das gesagt (5. Mose 8,3): *»Der Mensch lebt nicht vom Brot allein.«* Gott ließ seinem Volk sagen, dass es zwar Brot braucht zum Leben, aber dass dies nicht reicht. Es gibt mehr, und dieses »mehr« ist die Weisung Gottes für dein Leben. Es ist das, was Gott sagt. Was Gott uns kundtut, sollen wir glauben und tun. Das macht uns lebensfähig und satt. Jesus hat genau das dem Versucher in der Wüste geantwortet, als der ihn aufforderte, Steine in Brot zu verwandeln. Und obwohl er Hunger hatte, antwortete Jesus dem Satan: *»Der Mensch lebt nicht vom Brot allein, sondern von jedem Wort, dass der Herr ihm zusagt.«* Jesus konterte mit dem lebendigen Brot, dem Wort Gottes, und der Teufel hatte dem nichts entgegenzusetzen. Jesus wusste, dass die entscheidende Lebenskraft aus einer anderen Quelle kommt – aus der Beziehung zu seinem Vater. Darum lehrt er uns, den Vater zu bitten: *»Gib uns!«*

Auch wenn unseren Lebenshunger kein Brot dieser Welt zu stillen vermag – dieser Hunger nach Leben ist gut, er ist gottgewollt. Um ihn zu stillen, musst du an die richtige Quelle gehen. Zu dem guten Hirten, der uns nicht ans abgestandene und faule Wasser führt, sondern zum frisches Wasser. Zu dem, der uns den Tisch reichlich deckt und uns den Becher voll einschenkt. Der alles gibt. Sich selber gibt und schenkt. Jedes Wort, das er spricht, hat Kraft. Und es ist wahr und bleibt gültig. Darum kann Jesus sagen (Johannes

6,35.51): *»Ich bin das Brot des Lebens. […] Ich bin das lebendige Brot, das vom Himmel herabgekommen ist; wenn jemand von diesem Brot ist, wird er leben in Ewigkeit.«*

Ich kann dich nur einladen, dieses lebendige Brot neben dem natürlichen Brot täglich zu essen. Die Worte Jesu in sich aufnehmen, ernst nehmen und in seinem Leben umsetzen, das macht stark. Gottes Wort lesen, darüber nachdenken, es mit anderen teilen, es dieser Welt vorleben, das macht satt!

Wir leben nicht vom Brot allein. Und doch brauchen wir es so nötig. Deshalb beten wir: *»Unser tägliches Brot gib uns heute.«* Und wir leben aus dem, der sagt: *»Ich bin das Brot des Lebens.«* Wenn wir beim Abendmahl Brot ausgeteilt bekommen und es essen, dann denken wir daran: So sicher, wie wir von diesem Brot essen, so sicher leben wir von dem, was Gott uns gibt. Von den irdischen Gütern und von dem, was sein Sohn für uns getan hat und tut, bis wir ihn einst sehen werden.

Anmerkungen

[1] Helmut Thielicke, Das Gebet, das die Welt umspannt. Reden über das Vaterunser aus den Jahren 1944/45, Stuttgart 1945. Das Buch erlebte zahlreiche Neuauflagen.

[2] Fritz Neugebauer, Das Vaterunser. Eine theologische Deutung, 2. Aufl., Leipzig 2008, S. 47.

Vergebung
Matthäus 6,12

Zehn Jahre nach Ende des Zweiten Weltkrieges wurde eine Gruppe polnischer Christen gefragt: »Wären Sie bereit, sich mit Christen aus Westdeutschland zu treffen? Sie möchten um Vergebung bitten für das, was Deutschland Polen im Krieg angetan hat, und eine neue Beziehung aufbauen.« Zuerst herrschte Schweigen. Dann ergriff ein Pole das Wort: »Was sie bitten, ist unmöglich«, sagte er. »Jeder einzelne Stein in Warschau ist mit polnischem Blut getränkt. Das können wir nicht vergeben!«

Bevor sich die Gruppe verabschiedete, sprachen sie noch gemeinsam das Vaterunser. Als sie an die Stelle kamen: *»Und vergib uns unsere Schuld, wie auch wir vergeben …«,* hörte jeder auf zu beten. Auf einmal lag eine ungeheure Spannung im Raum. Da sagte der Pole, der sich so ablehnend geäußert hatte, der Delegation: »Ich muss Ihre Frage doch mit Ja beantworten. Sonst kann ich niemals wieder das Vaterunser beten und mich Christ nennen. Menschlich gesehen bin ich nicht in der Lage zu vergeben, aber Gott wird uns seine Kraft dazu schenken!« Achtzehn Monate später kamen westdeutsche und polnische Christen in Wien zusammen und legten den Grundstein für Freundschaften, die bis heute andauern.[1]

Es ist nicht unser Denkvermögen, das uns von den Tieren unterscheidet, hat einmal Alexander Solschenizyn gesagt, sondern unsere Fähigkeit, zu bereuen und zu vergeben. Nur tun wir uns damit so unendlich schwer!

In der zweiten Unser-Bitte des Vaterunsers lehrt Jesus uns zu beten: »*Und vergib uns unsere Schuld, wie auch wir vergeben unsern Schuldigern.*« Vergebung ist eine lebenslange Herausforderung. Und meistens sind es dramatische und schlimme Veränderungen in unserem Leben, die uns radikal mit der Frage der Vergebung konfrontieren. In einem jeden Leben kann der Moment kommen, in dem die Frage unausweichlich ist: »Bin ich bereit zu vergeben?« An dieser Frage entscheidet sich immer unsere Zukunft.

Vergebung ist ein unnatürlicher Akt. Unnatürlich deshalb, weil es nach dem Gesetz der Natur keine Vergebung gibt. Oder vergeben die Eichhörnchen den Katzen, die sie auf die Bäume hinaufjagen, und die Delfine den Haien, wenn sie ihre Spielgefährten fressen? In unserer Welt gilt doch: »Fressen und gefressen werden.« Unsere Institutionen funktionieren nach dem gleichen mitleidlosen Prinzip; ganz egal, ob es sich dabei um die Welt der Finanzen, der Politik, der Bildung oder des Sports handelt. Welche Bank wird sagen: »Wir sehen, dass Sie den Kredit nicht mehr zurückzahlen können – wir erlassen Ihnen ihre Schulden«? Welcher Politiker wird sagen: »Der Terroranschlag, den Sie ausgeführt haben, war fatal, aber wir sehen, dass Sie selbst verführt worden sind – wir vergeben Ihnen«?

Soll ein russischer Priester dem KGB-Offizier vergeben, der ihn ins Gefängnis gebracht und seine Kirche zerstört hat? Sollen die Rumänen den Ärzten und Schwestern vergeben, die kranke Waisenkinder ans Bett gefesselt haben? Sollen Bürger der neuen Bundesländer den SED-Spitzeln (darunter auch Professoren, Pastoren, ja die eigenen Ehepartner, von denen sie ausspioniert wurden) vergeben?[2]

Martin Luther King hat sein Ringen um die Vergebung in einem *Brief aus dem Gefängnis von Birmingham* niedergeschrieben. Vor dem Gefängnis stempelten Geistliche ihn als Kommunisten ab, während der Mob schrie: »Hängt den Nigger auf!« Polizisten schwangen Schlagstöcke gegen seine unbewaffneten Anhänger. King schrieb, er habe einige Tage fasten müssen, um die geistliche Selbstbeherrschung zu gewinnen, die er brauchte, um seinen Feinden vergeben zu können.[3]

Hat etwas so Unfassbares wie die Vergebung in unserer Welt überhaupt eine Chance? Der Philosoph Herbert Marcuse, selbst Sohn eines jüdischen Textilfabrikanten, meinte zu den schlimmen Dingen, die in Nazi-Deutschland geschehen sind: »Man kann und darf nicht ungehindert töten und foltern und dann im nächsten Augenblick einfach um Vergebung bitten und sie auch noch erhalten!«[4]

Vergebung scheint nicht in unsere Welt zu passen

und doch kann die Welt nicht ohne sie bestehen. Einzelne nicht, Gemeinschaften nicht und ganze Nationen nicht. »Die Tatsache, dass es zwischen Israel und Deutschland überhaupt politische Beziehungen gibt, ist ein staunenswertes Beispiel von Vergebung zwischen einzelnen Nationen.«[5]

Ja, »Vergebung ist ein mächtiger Angriff auf alle Übel des gemeinsamen Lebens« (Ralf Luther). Gazi, ein Palästinenser aus Hebron, auf dessen Geschichte ich bei »The Forgiveness Project«[6] stieß – sein Bruder wurde bei einer Straßenkontrolle von Israelis erschossen –, sagt: »… ich kann Ihnen zeigen, wie viel wertvoller als eine gewalttätige Antwort es ist, sein Herz der Vergebung und dem Frieden zu öffnen.«

Auf die Bitte um das tägliche Brot folgt die Bitte, uns doch das, was uns beschwert, belastet, niederdrückt und fertigmacht – eben unsere Schuld –, zu vergeben. *»Und vergib uns unsere Schuld«*. Im Zentrum des Vaterunsers sprechen wir also in einem Atemzug vom Bekommen und vom Loswerden. »Gib uns – vergib uns. Schenk uns und nimm uns.« Gott muss uns nicht nur das Nötige zum Leben schenken, er muss uns auch den Ballast abnehmen, damit unser Leben in der Balance bleibt, gelingen und sich entfalten kann. Unsere Schuld ist so etwas wie radioaktives Material, das verderblich weiterstrahlt. Was wir schuldhaft getan haben, hat meist noch Auswirkungen, ist höchst selten nur eindimensional – und muss deshalb aus dieser

Welt geschafft werden. Denn wenn wir es nur irgendwo verstecken oder vergraben wird es durch seine »Strahlung« nur wieder neues Unheil anrichten.

Jesus spricht das Thema Schuld an, das wir so gerne verdrängen, bagatellisieren und umschiffen. Er legt uns die Bitte *»Vergib uns unsere Schuld«* quasi in den Mund, damit wir sie aussprechen und mit dem füllen, was unsere Seele belastet. Ich weiß aus eigener Erfahrung, wie es ist, wenn bestimmte Situationen immer wieder hochkommen und vor einem stehen. Und ich glaube, fast jeder Mensch kennt solche Momente, wo sich das Gewissen meldet wegen unvergebener und unbereinigter Schuld. David betet in Psalm 51,5: *»Denn ich erkenne mein Unrecht, meine Schuld steht mir ständig vor Augen.«* Manches geht uns lange nach, wir können es nicht einfach abschütteln. Wohl darum betet David in Psalm 25,7: *»Vergib mir die Sünden meiner Jugend.«* Ähnlich klagt Hiob (13,26): *»Ein bitteres Los hast du über mich verhängt; du strafst mich sogar für die Sünden meiner Jugend.«*

Jesus erinnert uns mit dieser Bitte daran, dass wir selbst Schuldner sind. Dass wir Menschen sind, die sich seine Gnade nicht kaufen können, sondern geschenkte Vergebung brauchen.

Die meisten Ethiker stimmen dem Königsberger Philosophen Immanuel Kant zu, der argumentiert hat, einem Menschen solle nur dann vergeben werden, wenn er es auch verdiene. Doch dagegen spricht schon die Wortbedeutung: *vergeben* enthält das Wort *geben.* Wie der Terminus *Gnade* ist auch *Vergebung* ein provozierendes Wort. Es hat den Geschmack des Unverdienten, Unfairen, Ungerechten. Und in der Tat, Vergebung ist mehr als Gerechtigkeit. Denn wenn Gott uns vergibt, geht er weit über das hinaus, was gerecht wäre. Und wenn wir einem Menschen vergeben, ist das mehr als ein Akt der Gerechtigkeit. Und wenn uns vergeben wird, dann spüren wir, das ist ein Geschenk!

Schon im Alten Testament galt Gottes Vergebung jedem, der seine Sünde bekannte und bereute. Er vergab David, einem Ehebrecher und Mörder. Hatte er es verdient? Er vergab Manasse, der im Buch der Chroniken als einer der gottlosesten Könige beschrieben wird. Manasse hatte in seiner Jugend ein gutes Vorbild, denn sein Vater Hiskia war ein gottesfürchtiger Mann. Doch der Sohn brach radikal damit und führte schlimme Götzenkulte ein bis hin zu Menschenopfern. Er war ein Mörder und ein Sadist: *»Manasse vergoss auch sehr viel unschuldiges Blut, sodass er Jerusalem damit anfüllte von einem Ende bis zum anderen.«* (2. Könige 21,16) Nach jüdischer Überlieferung befahl er, den Propheten Jesaja in zwei Stücke zu sägen, nachdem man ihn in einem hohlen Baumstamm entdeckt hatte.

Und dann kündigte Gott sein Gericht an. Wenig später wurde Manasse in Ketten nach Babylon gebracht und dort in ein finsteres, feuchtes Verließ gesperrt. Jetzt hatte er Zeit zum Nachdenken. Er wird an seinen Vater Hiskia gedacht haben, dessen Lebenswerk er zerstört hatte, und an den lebendigen Gott, dem er sich hartnäckig widersetzt hatte. Er fing an zu bereuen. Wir lesen in 2. Chronik 33,12: *»Er beugte sich tief vor dem Gott seiner Väter und betete zu ihm.«*

Nein, verdient hatte er die Vergebung nicht. Keiner hat sie verdient. Paulus schreibt (Römer 3,23–25a): *»Denn darin sind die Menschen gleich: Alle sind Sünder und haben nichts aufzuweisen, was Gott gefallen könnte. Aber was sich keiner verdienen kann, schenkt Gott in seiner Güte: Er nimmt uns an, weil Jesus Christus uns erlöst hat. Um unsere Schuld zu sühnen, hat Gott seinen Sohn am Kreuz für uns verbluten lassen.«*

Gott vergab Manasse tatsächlich. Nicht weil es verdient hatte, sondern weil er in einen Prozess des Erkennens seiner Schuld und des Bereuens einstieg, der in der Bitte um Vergebung einmündete. Gott setzte Manasse sogar wieder als König auf den Thron in Jerusalem. Aber das Wichtigste: Manasse erhielt ein neues Herz. An diesem Punkt wird deutlich, ob wir wirklich Vergebung und Reinigung von unserer Schuld empfangen haben. Die Bibel berichtet (2. Chronik 33,13): *»Da erkannte Manasse, dass der Herr Gott ist.«* Er brach radikal mit dem Götzendienst. Er zerstörte die Zeichen des Heidentums, die er hatte aufstellen lassen. Er führte das Volk wieder zur Anbetung des wahren Gottes. Wie ist so eine Verwandlung möglich? Sie war möglich weil Manasse innerlich umkehrte: Er erkannte seine Schuld, bereute sie und bat um Vergebung. Er packte aus, beschönigte nichts und demütigte sich unter seinem Versagen.

Das ist der Punkt. Wir können uns die Vergebung nicht verdienen. Keiner kann das. Aber wir können sie zu einer billigen Vergebung machen, weil wir dem Irrtum erliegen, der »liebe Gott« habe ohnehin über diese Welt und über alle Menschen den Mantel der Liebe ausgebreitet: ein alles verzeihender Gott, der gar nicht anders könne als vergeben. Schon Dietrich Bonhoeffer erkannte, dass in der Kirche die Welt billige Gnade findet. Eine billige Bedeckung ihrer Sünden, die sie nicht bereut, wodurch die Welt christlich und das Christentum weltlich geworden ist. Bonhoeffer war der Ansicht, dass das Christentum die Vergebung verschleudert habe.[7] Hat sich daran eigentlich irgendetwas geändert? Ich glaube kaum.

Ganz anders setzt das Neue Testament die Akzente. Der Apostel Johannes schreibt (1. Johannes 1,9): »*Wenn wir unsere Sünden bekennen, ist er treu und gerecht, dass er uns die Sünden vergibt und uns reinigt von jeder Ungerechtigkeit.*« Ein ehrliches Bekenntnis macht Umkehr möglich, weil Gott gnädig ist und vergibt. Gottes Vergebung und Gnade haben sich nicht verändert. In Jesus vergibt er noch heute dem Schuldigen. Er richtet den Gefallenen auf und heilt den Kaputten. Egal, wie verpfuscht unser Leben ist: Jesus neigt sich zu uns herunter und will uns vergeben.

Die Bitte um Vergebung ist die einzige Vaterunser-Bitte, bei der Jesus etwas anfügt: »*… wie auch wir vergeben …*« Jesus zeigt damit unmissverständlich, dass ich gegenüber den Menschen, die in meiner Schuld stehen oder mir etwas Böses getan haben, die gleiche Haltung der Gnade und der Vergebung einnehmen soll, die er mir zeigt.

Bisher ging es im Vaterunser immer um das Verhältnis zwischen Gott und uns. Nun geht es auf einmal auch um die zwischenmenschliche Ebene. Meine Bitte bekommt also eine soziale Dimension. Mehr noch: Die beiden Ebenen sind miteinander verbunden wie kommunizierende Röhren. Ich kann sozusagen Gottes Verhalten ausbremsen, wenn ich meinen Teil nicht einhalte. Es ist das Wörtchen »wie«, das hier den Schrecken auslöst: »*Vergib uns, wie auch wir vergeben …*« Jesus knüpft die Vergebungsbereitschaft des himmlischen Vaters an unsere eigene Bereitschaft zum Vergeben. Es spielt überhaupt keine Rolle, ob wir das gut finden oder nicht. Er sagt einfach: So ist es. Sonst hast du ein ernstes Problem: Du bleibst dann nämlich auf deiner Schuld sitzen, die weiterstrahlt und dich immer mehr verseucht!

Der Textzusammenhang unterstreicht einmal mehr, wie krass Jesus diese Sache sieht. Denn im direkten Anschluss an das Vaterunser greift er in den Versen 14 und

15 den Gedanken noch einmal auf: *»Denn wenn ihr den Menschen ihre Verfehlungen vergebt, so wird euch euer himmlischer Vater auch vergeben. Wenn ihr aber den Menschen nicht vergebt, so wird euch euer Vater eure Verfehlungen auch nicht vergeben.«*

Mit anderen Worten: Wenn du nicht bereit bist zu vergeben, blockierst du die Möglichkeit, Gottes Vergebung zu empfangen. Es ist vergleichbar mit einem durch zu viele Megabytes vollgestopften E-Mail-Konto. Wir können nichts mehr empfangen. Unsere Persönlichkeit verändert sich dann zum Negativen.

Wenn wir um Gottes Vergebung bitten und sie erfahren, hat dies Konsequenzen. Wer sich gegen die Folgen sperrt, der bringt sich um die Wohltat der erfahrenen Vergebung. Das macht Jesus im Gleichnis vom unbarmherzigen Schuldner deutlich. Er erzählte dieses Gleichnis, weil Petrus ihm die Frage stellte (Matthäus 18,21): *»Herr, wie oft muss ich meinem Bruder vergeben, wenn er mir Unrecht tut? Ist siebenmal genug?«* Jesu Antwort ist klar: *»Nicht siebenmal, sondern siebzigmal siebenmal.«* Unbegrenzt, so wie unser Vater im Himmel vergibt. Ohne Limit. Deshalb sollen wir beten: *»Vergib uns unsere Schuld, wie auch wir vergeben unsern Schuldigern.«* Wenn ich diese Bitte ausspreche, sage ich damit meinem Vater auch: »Ich bin mir darüber im Klaren, dass meine Bitte an dich Konsequenzen für mich und meine Beziehungen hat.«

In der Tat ist Jesus die Vergebung so wichtig, dass

sie Vorrang vor allem religiösen Engagement hat (Matthäus 5,23.24): »*Darum: Wenn du deine Gabe auf dem Altar opferst und dort kommt dir in den Sinn, dass dein Bruder etwas gegen dich hat, so lass dort vor dem Altar deine Gabe und geh zuerst hin und versöhne dich mit deinem Bruder und dann komm und opfere deine Gabe.*«

Man kann seinen Einsatz, seine Gaben, seine Mitarbeit unwirksam machen, sie sozusagen neutralisieren. Es gibt Vollmachtsbremsen und Autoritätsblocker: nicht nur unbereinigte Schuld vor Gott, sondern gerade auch die unbereinigte Schuld auf der zwischenmenschlichen Ebene. Unversöhnlichkeit blockiert mich in meiner Gottesbeziehung. So werde ich unecht, verstecke mich hinter einer Fassade. Letztlich bin ich kraft- und wirkungslos, ohne Ausstrahlung. Dietrich Bonhoeffer schrieb: »So prüfe sich die Gemeinde Jesu heute, ob nicht im Augenblick, in dem sie zum Gebet und Gottesdienst vor Gott tritt, viele Stimmen anklagend zwischen sie und Gott treten und ihr Gebet verhindern.«[8]

In einem Forschungsüberblick hat der bekannte Familientherapeut und Vergebungsforscher Everett Worthington den Zusammenhang zwischen Vergebung und Gesundheit dargestellt. Dabei unterscheidet er bei Vergebung einen willentlichen und einen emotionalen Anteil. Die willentliche Vergebung legt ihren Fokus auf die Verhaltenskontrolle. Ich verhalte mich gegenüber demjenigen, dem ich vergeben habe, anders. Die emotionale Vergebung zielt darauf ab, neben dem Denken und dem Willen auch das Gefühl mit einzubeziehen, also mit dem ganzen Herzen zu vergeben. Studien deuten darauf hin, dass die leichter vergeben können, die empfinden, dass Gott ihnen ihre Fehler verziehen hat. Die emotionale Vergebung zieht stärkere psychophysiologische Effekte nach sich und steigert dadurch das gesundheitliche Wohlbefinden. Erste Untersuchungen mit bildgebenden Verfahren der Hirnforschung können dafür erstaunlich genaue Belege liefern. Dass der Prozess des Verzeihens sich auch positiv auf den Organismus auswirkt, was an Blutdruck, Muskelspannung und seelischem Wohlbefinden abgelesen werden kann, bestätigen inzwischen auch deutschsprachige Untersuchungen.[9]

Für Bibelleser ist das eigentlich nichts wirklich Überraschendes, betet doch schon David im Psalm 32: *»Glücklich sind alle, denen Gott ihre Sünden vergeben und ihre Schuld zugedeckt hat! Glücklich ist der Mensch, dem Gott seine Schuld nicht anrechnet [...]. Erst wollte ich dir, Herr, meine Schuld verheimlichen. Doch davon wurde ich so schwach und elend, dass ich nur noch stöhnen konnte. [...] meine Lebenskraft vertrocknete wie Wasser in der Sommerhitze.«*

Diese jahrtausendealte menschliche Erfahrung wird von der aktuellen Vergebungsforschung nur bestätigt. In Worthingtons Fachartikel kommt der christliche Glaube zwar nur beiläufig vor, aber in seinem Konzept der Vergebung verweisen viele Bestandteile auf biblische Grundeinsichten.

In einer Untersuchung sagten Menschen, die vergeben konnten, unter anderem: »Ich fühlte mich erleichtert; ich war ruhiger, gelassener. Ich konnte besser mit Schwierigkeiten umgehen. Ich hatte mehr Verständnis für meine Umwelt. Mein Selbstwertgefühl wurde durch das Vergeben gefördert. Ich grübelte weniger. Ich führte weniger negative Selbstgespräche. Ich hörte auf, mir selbst Vorwürfe zu machen. Ich spürte eine Besserung psychosomatischer Beschwerden. Ich wollte den eingetretenen Schaden wiedergutmachen. Ich konnte anderen leichter und schneller vergeben.« Jeder Fünfte gab an, durch die Tatsache der empfangenen Vergebung erst das Vergeben gelernt zu haben.

Was immer uns belastet, wir dürfen es abgeben und unter das Kreuz Jesu Christi legen. Es geht darum, Schuld zu erkennen, zu bereuen und Gott um Vergebung zu bitten. Denn wenn Wissen unser größtes Bedürfnis wäre, hätte Gott uns ein Universalgenie geschickt. Wenn Technologie unser größtes Bedürfnis wäre, hätte Gott uns einen Technik-Wissenschaftler geschickt. Wenn Geld unser größtes Bedürfnis wäre, hätte Gott uns einen Ökonomen geschickt. Wenn Unterhaltung unser größtes Bedürfnis wäre, hätte Gott uns einen Entertainer geschickt. Aber da Vergebung unser größtes Bedürfnis ist, schickte er uns einen Erretter. Dieser Erretter Jesus Christus steht heute mit seiner vergebenden Liebe vor dir. Er lädt dich ein, ihn zu bitten: »Vergib mir meine Schuld.«

Anmerkungen:

[1] Philip Yancey, Gnade ist nicht nur ein Wort. Wie Gottes Güte unser Leben auf den Kopf stellt, Wuppertal 2006, S. 115.

[2] Ebd., S. 118.

[3] Ebd., S. 125.

[4] Ebd., S. 105.

[5] Ebd., S. 117.

[6] www.theforgivenessproject.com/stories

[7] Georg Huntemann, Der andere Bonhoeffer. Die Herausforderung des Modernismus, Wuppertal/Zürich 1989, S. 156 f.

[8] Dietrich Bonhoeffer, Nachfolge, München 1971, S. 75.

[9] Michael Utsch, Vergeben wollen oder mit ganzem Herzen vergeben? In: Psychotherapie & Seelsorge 3/2008, S. 41.

Versuchung

Matthäus 6,13a

Das ist echt dumm gelaufen! – Da bin noch mal mit einem blauen Auge davongekommen! – Ein ganz schöner Schlamassel, in den ich mich da habe hineinziehen lassen! – Wie gut, dass ich da auf Distanz gegangen bin.

Ich weiß nicht, welcher dieser Sätze unser Satz ist, wenn wir an Versuchungen in der vergangenen Zeit denken. Und ob diese Versuchungen aus Fleisch und Blut und sehr kurvenreich waren oder eher aus Papier, aus Zahlen und Worten bestanden oder in digitalisierter Gestalt daherkamen. Jedenfalls gibt es sie immer noch – die Versuchung.

»Der wirksamste Schutz gegen die Versuchung ist die Feigheit«, hat Mark Twain gesagt. Ist das nicht Unsinn? Aber vielleicht ist es gar nicht so dumm. Wie dem auch sei – was ist unsere Erfahrung? Wie schützen wir uns? Ist nicht eher Mut gefragt? Oder gibt es gar keinen »wirksamen« Schutz gegen Versuchungen? Twains Zeitgenosse und Schriftstellerkollege Oskar Wilde hat gesagt: »Allem kann ich widerstehen, nur der Versuchung nicht.« Vielen geht es ähnlich – nur hat Wilde noch hinzugefügt: »Der einzige Weg, eine Versuchung loszuwerden, ist, ihr nachzugeben.« Ich behaupte, es gibt auch andere Wege. Nachgeben kann nämlich sehr verhängnisvoll sein.

Es ist hier ein täglicher Kampf. Wir sind an allen Ecken und Enden gefordert: der Widerstand gegen das Böse um uns herum und der Kampf mit niederträchtigen und bösen Gedanken in uns. Die vielen Angebote und Verlockungen ködern uns, Zwänge und Erwartungen bedrängen uns. Wie aber können wir Versuchungen widerstehen? Warum bin ich so oft überfordert?

Wäre das Leben nicht paradiesisch, wenn es keine Versuchungen gäbe? Nein, schon im Garten Eden, also nicht erst nach dem Sündenfall, waren Adam und Eva der Versuchung ausgesetzt. Bestechlich und verführbar sind wir alle, das ist die eine Wahrheit. Die andere ist, dass wir zu standhaften und reifen Christen heranwachsen sollen; dass Christus in uns Gestalt gewinnt, wie Paulus es sagt (Galater 4,19). Jesus hat um diese enorme Herausforderung gewusst. Denn er war auf dieser Erde und er hatte ebenso mit allen Versuchungen zu kämpfen.

Ebendarum lehrt Jesus uns im Vaterunser zu bitten: *»Und führe uns nicht in Versuchung, sondern erlöse uns von dem Bösen.«*

Jesus spricht hier ein Kampffeld unseres Lebens an. Er macht klar, dass wir in einer ständigen Auseinandersetzung stehen. Haben wir eine gute und bewährte Strategie, um der Versuchung zu entkommen oder um in ihr nicht zu Fall zu kommen?

Was genau abläuft, wenn das Böse nach uns greift, bleibt nach meiner Einschätzung ein Geheimnis. Doch in unseren Gedanken und in unserem Herzen geht da einiges ab. Wir können das Geheimnis nicht lüften, weder theologisch noch philosophisch. Deshalb bitten wir auch nicht: »Lehre uns, das Böse zu durchschauen«, sondern wir bitten um Erlösung von dem Bösen. Erlösung heißt: Da geht jemand dazwischen. Da kommt kein unverbindlicher Vorschlag, keine Kompromisslösung, sondern Erlösung heißt: Das Problem ist beendet. Es sieht ja so aus, als ob der Böse ungebrochen seine Macht entfalten würde. Aber Christen wissen, das ist nur eine vordergründige Sicht.

In den ersten beiden Unser-Bitten bitten wir Gott um Dinge, die er tun möge: Wir bitten um das lebensnotwendige Brot und um Vergebung unserer Schuld. Mit *»Und führe uns nicht in Versuchung«* bitten wir darum, dass er etwas *nicht* tun soll. Jesus selbst lehrt uns, so zu beten. Aber warum sollte Gott uns denn in Versuchung führen? Dagegen wehren sich doch nicht nur unser frommes Gefühl und unser Gottesbild, sondern dagegen protestiert auch die Heilige Schrift. Etwa der Bruder von Jesus, Jakobus. Er schreibt in seinem Brief (1,13): *»Niemand sage, wenn er versucht wird, dass er von Gott versucht wird. Denn Gott kann nicht versucht werden zum Bösen und er selbst versucht niemanden.«* Ja, so muss es sein, denken wir. Wenn der heilige Gott überhaupt mit dem Bösen in Verbindung gebracht werden kann, dann nur so, dass er souverän darübersteht.

Ja, Gott kehrt nicht nur den Scherbenhaufen zusammen, wenn wir versagt haben und wieder einmal der Versuchung erlegen sind; er will uns schon vorher in der Versuchung zur Seite stehen, damit wir erst gar nicht wieder ein Stück von unserer Jesus-Ähnlichkeit verlieren.

Mit der Bitte *»Und vergib uns unsere Schuld«* klären und bereinigen wir das Vergangene. Mit der Bitte *»Und führe uns nicht in Versuchung«* stärken wir uns gegen das gegenwärtige und das kommende Böse. Luther hat es einmal so ausgedrückt: »Mit der fünften Bitte lege ich mich zu Bett.« Mit anderen Worten: »Herr, du siehst, was heute alles schiefgelaufen ist, wo ich versagt habe und wo ich eingeknickt bin – bitte vergib mir meine Schuld.« Und mit der sechsten Bitte stehen wir morgens auf: *»Führe mich nicht in Versuchung, sondern erlöse mich von dem Bösen.«* Bauen wir das doch einmal in unser Morgengebet ein!

Die entsprechende Übersetzung aus dem Aramäischen, der Sprache, die Jesus sprach, lautet: »Führe uns aus der Versuchung heraus.« Und so heißt es in der Erklärung in Martin Luthers Kleinem Katechismus: »Gott versucht zwar niemand; aber wir bitten in diesem Gebet, dass uns Gott behüte und erhalte, damit uns der Teufel, die Welt und unser Fleisch nicht betrüge und verführe [...].«

Betrug und Verführung, das ist die andere Seite der so verlockenden Versuchung. Versuchungen prüfen uns auf Herz und Nieren. Und doch gehören sie zu Gottes Plan für unser Leben. Darum konnte Paulus den Christen in Korinth mit Überzeugung sagen (1. Korinther 10,13): *»Was eurem Glauben bisher an Prüfungen zugemutet wurde, überstieg nicht eure Kraft. Gott steht zu euch. Er lässt nicht zu, dass die Versuchung größer ist, als ihr es ertragen könnt. Wenn euer Glaube auf die Probe gestellt wird, schafft Gott auch die Möglichkeit, sie zu bestehen.«*

Auch in den Versuchungen ist Gott da, das ist hier die Botschaft des Paulus. Versuchungen sind unvermeidlich. Selbst Adam und Eva kamen im Paradies in eine solche Situation. Aber wir dürfen bitten: „Führe mich wieder aus der Versuchung heraus. Lass die Versuchung nicht größer werden, als ich es ertragen kann." Der Teufel hat durch die Sünde des Menschen einen rechtmäßigen Raum auf Erden. Er kann seine Verführungskünste noch mit Macht entfalten, jedenfalls bis zum Ende seiner Frist. Und darum bitten wir Gott, er möge die Versuchung abwehren oder mindestens begrenzen. Und genau das hat er zugesagt (2. Thessalonicher 3,3): *»Treu aber ist der Herr, der wird euch stärken und bewahren vor dem Bösen.«* Und Stärkung und Bewahrung brauchen wir immer. An jedem Tag, in jeder Stunde und in jeder Minute. Und weil das Böse zunimmt und ausreift, wird es in der letzten Zeit, bevor

Jesus wiederkommt, ganz besondere Formen der Bewahrung vor dem Bösen geben. Jesus sagt, dass die Tage der schweren Trübsal abgekürzt werden (Matthäus 24,22), damit wir den Versuchungen nicht erliegen.

Das Fleisch ist eben schwach – auch das der Nachfolger Jesu. Im Garten Gethsemane weckte der Herr die schlafenden Jünger mit den Worten auf (Matthäus 6,41): *»Wacht und betet, damit ihr nicht in Versuchung kommt; der Geist ist zwar willig, das Fleisch aber schwach.«*

Das heißt doch: Wir müssen schon unser Teil dazu beitragen. Was ist unser Teil? Wachsamkeit. Hellwach sein! Als Junge war ich im Sommer einige Male im Jungschar-Zeltlager. Das war eine tolle Sache. Da wurde man auch zu Nachtwachen eingeteilt. Und wehe dem, der einschlief und nicht merkte, dass der Jungscharwimpel geklaut wurde. Jesus sagt (Lukas 12,37.38): *»Ja, freuen können sich alle, die der Herr bei seiner Rückkehr noch wach antrifft! Ich sage euch: Der Herr wird sie bitten, am Tisch Platz zu nehmen, und er selbst wird sich eine Schürze umbinden und sie bedienen. Vielleicht kommt er spät am Abend, vielleicht auch erst um Mitternacht. Aber wenn er kommt und seine Diener wach antrifft, werden sie allen Grund zur Freude haben.«* Es ist anstrengend, zu wachen und zu beten in der Stunde der Versuchung. Und meistens sind wir nicht viel besser drauf als die Jünger. Aber wir sollen hellwach sein.

Versuchung ist das, was an mich herantritt, wenn ich besonders empfänglich dafür bin. Das kann der Fall sein, wenn ich schwach, ausgelaugt und frustriert bin. Oder aber gerade dann, wenn ich auf einem Höhenflug bin. Erfolgreich, zufrieden; wenn ich meine, mich kann nichts umhauen. Manche pflegen so eine Hormonspiegelfrömmigkeit, von einer Lobpreis-Session zur nächsten, weil sie meinen, dann seien sie für das Böse nicht mehr empfänglich. Paulus warnt die Korinther (1. Korinther 10,12): *»Wer meint zu stehen, sehe zu, dass er nicht falle.«* Oder freier übersetzt: *»Deshalb seid vorsichtig! Gerade wenn jemand denkt: ›So etwas kann mir doch nicht passieren!‹, muss er besonders aufpassen.«*

Jesus wurde nach vierzig Tagen Fastenzeit vom Teufel versucht. *»Da wurde Jesus vom Geist in die Wüste geführt, damit er von dem Teufel versucht würde.«* (Matthäus 4,1) Der Teufel kommt nicht am Anfang dieser Zeit, sondern am Ende. Und wie oft probiert der Teufel es mit der gleichen Masche und nutzt die Zeiten, in denen wir allein und ausgelaugt sind. Das griechische Wort für Versuchung *(peirasmos)* meint eigentlich »Test« oder »Prüfung«. Dabei sollten wir uns gegen jede Form von Verharmlosung bei diesem Thema wehren. Nicht das Stück Torte ist eine Versuchung und auch nicht die Milka-Schokolade – hinter einer wirklichen Versuchung steckt eine echte Prüfung von Gott oder, aus einem anderen Blickwinkel gesehen, die

Macht des Bösen. Wir unterschätzen meist die Wucht der Versuchung und antworten großspurig wie Petrus (Lukas 22,33): *»Herr, ich bin bereit, mit dir ins Gefängnis und in den Tod zu gehen.«* Wir wissen, was Jesus ihm geantwortet hat.

Wir dürfen die Versuchung nie auf den leicht durchschaubaren Bereich reduzieren. Es sind ja oft so tolle Versprechungen und Aussichten, die uns glauben lassen, das kann doch nur eine gute Sache sein.

Oft beginnt die Versuchung auf der Bedürfnisebene. Genau da fing der Teufel bei Jesus auch an. Jesus hatte Hunger. *»Wenn du Gottes Sohn bist, dann mach die Steine zu Brot.«* Die zweite Versuchung betraf die Glaubensebene. Ja, wenn ich mein Bedürfnis befriedigt habe, fliegt auch gleich der Glaube mit über Bord. »Spring von der Tempelmauer – vertrau mir«, sagt der Teufel. Und die dritte Versuchung umfasst die Herrschaftsebene. *»Knie vor mir nieder und bete mich an, dann gebe ich dir alle Reiche dieser Welt.«* Wie verlockend! Was für eine Versuchung!

Wirkliche Versuchung ist immer radikal. Das geht bis an die Wurzel, da geht es immer ans Eingemachte. Paulus hat das gewusst. *»Wir haben nicht mit Fleisch und Blut zu kämpfen, sondern mit Mächten und Gewalten des Bösen«,* schrieb er den Ephesern (6,12). Satan hat Jesus von der Wüste über den Tempelturm bis auf einen hohen Berg geführt. Es ging immer mehr in die Höhe. Ja, Versuchungen führen uns steil aufwärts. Wir stehen ganz oben, wir schauen auf alles herab und dann kommt der freie Fall. Aber Jesus zeigt einen anderen Weg, und den hat er uns vorgelebt. Der Heilige Geist führt Jesus hinunter: von der Taufe im Jordan hinab in die Wüste und zuletzt ans Kreuz.

Wer der Versuchung widerstehen will, sollte nicht den Wunsch haben, groß rauszukommen. Er muss sich nach unten orientieren, ein Diener werden, auf die Knie fallen, beten. Johannes der Täufer hatte es verstanden (Johannes 3,30): *»Christus soll immer wichtiger werden und ich will immer mehr in den Hintergrund treten.«*

Ja, es gehört zu den großen Herausforderungen unseres Lebens, mit Versuchungen fertigzuwerden. Jesus hat das alles auch durchgestanden. Er kennt die Herausforderung bestens. Der Verfasser des Hebräerbriefes sagt (4,15): *»Jesus Christus musste mit denselben Versuchungen kämpfen wie wir, doch im Gegensatz zu uns hat er nie gesündigt.«* Und direkt davor steht im selben Vers, dass Jesus deshalb unsere Schwächen versteht. *»Er ist keineswegs ein Hohepriester, der nicht Mitleid haben könnte.«*

Jesus weiß, wie das ist, wenn die Versuchung zuschlägt, und kann deshalb mitfühlen, mitleiden. Wenn du einwendest, dass Jesus ja ohne Sünde blieb und uns deshalb doch nicht richtig verstehen könne, dann bedenke: Jesus trug die ganze Last der Sünde am Kreuz. Hier wurde er zur Sünde in Person. Er hat das Elend, das Leid und den Schmutz der Sünde kennengelernt wie keiner von uns.

Jesus hat jede Versuchung in seinem Leben bewältigt. Darum will er auch, dass wir in der Versuchung nicht resignieren, sondern er gibt uns diese Bitte des Vaterunsers zur Hilfe und zur Stärkung: *»Führe mich nicht in Versuchung, sondern erlöse mich von dem Bösen.«*

In der Bibel wird deutlich unterschieden zwischen einer Versuchung durch Gott und einer Versuchung durch den Bösen, den Diabolus, den Durcheinanderbringer. Der Teufel ist ein »Chaot«, und wenn wir uns auf ihn einlassen, wird es chaotisch. Die beiden Versuchungen unterscheiden sich wesentlich in ihren Zielen. Der Teufel will uns von Gott wegziehen und unseren Glauben zerstören. Gott hat ein ganz anderes Ziel. Wenn er unseren Glauben auf die Probe stellt, will er prüfen, wie es um unser Herz steht. Er will herausfinden, wie gehorsam und konsequent wir tatsächlich sind. Er will wissen, ob wir nur schöne Worte machen oder ob wir wirklich tun, was er uns sagt.

In 1. Mose 22,1 lesen wir: *»Nach diesen Geschichten versuchte Gott Abraham.«* Er fordert ihn auf: *»Nimm deinen Sohn, deinen einzigen, den du lieb hast, den Isaak, und ziehe in das Land Moria und opfere ihn daselbst als Brandopfer.«* Hier sind alle drei Dimensionen der Versuchung präsent: Bedürfnisebene, Glaubensebene, Herrschaftsebene. Gott will wissen: Glaubst du, dass ich alle deine Bedürfnisse stille? Vertraust du mir ganz und gar? Bin ich dein Herr – uneingeschränkt? Das war kein kleiner Loyalitätstest, das war eine Versuchung, die alles forderte.

Mose erhielt die Anweisung in der Wüste (2. Mose 16,4): *»Das Volk soll hinausgehen und täglich sammeln, was es für den Tag bedarf, dass ich es prüfe (versuche), ob es in meinem Gesetz wandle oder nicht.«*

Gott möchte erfahren, wie ehrlich wir es meinen. Natürlich geht es Gott nicht um die bloße Information, die kennt er ja ohnehin schon! Es geht darum, dass ich erkenne, wie es um mein Vertrauen und um meinen Gehorsam Gott gegenüber bestellt ist. Wenn wir nicht geprüft werden, wissen wir es doch gar nicht. Aber wenn wir geprüft werden, sehen wir, ob tatsächlich noch alles »im grünen Bereich« ist.

Es gibt Gebrauchstests, bei denen ein Gebrauchsgegenstand in kurzer Zeit sämtlichen Belastungen ausgesetzt wird. Belastungen, die er in seinem normalen Lebenszyklus von mehreren Jahren oder Jahrzehnten aushalten soll. Ein Examen lässt uns erkennen, wie es um unser Wissen und Können steht. Und aus dem Ergebnis können wir die nötigen Konsequenzen für die Zukunft ziehen. Sicherlich ist nicht jeder Test aussagekräftig. Doch es gibt eben Bewährungs- und Zerreißproben, die schonungslos offenlegen, wie es um uns steht.

Gott will uns nicht zu Fall bringen. Wenn er uns prüft, dann ist es wie bei einer Brücke, die nach ihrer

Fertigstellung einer Belastungsprobe unterzogen wird. So soll sich zeigen, ob die Ingenieure richtig gerechnet haben. Ist die Probe bestanden, dann können wir sicher sein, dass die Brücke hält. So ist Gott. Er erprobt uns, damit wir erleben, dass wir uns auf ihn verlassen können. Und für ihn gilt, dass die unerschütterliche Hoffnung, die er uns gibt, »jeden Test der Zeit besteht«.

Es gibt Versuchungen von innen und von außen. Es gibt Versuchungen, die steigen aus den egoistischen Wünschen unseres Herzens herauf – Hochmut, Gier, Geiz, Trägheit, Gleichgültigkeit. Oder durch das Fenster unserer Sinne wird unsere Gedankenwelt besetzt, sie wird umfunktioniert, beschmutzt und getrübt, und unser Gewissen wird abgestumpft und eingeschläfert. Dazu kann verlockende Werbung ebenso gehören wie lautstarke Parolen und Gruppenzwänge.

Dazu kommen Versuchungen von außen, wie schwere Schicksalsschläge, der Verlust eines geliebten Menschen, Leid, Krankheit, Schmerzen, Einsamkeit.

Versuchungen sind kein Sonderfall, auch im Leben der Christen nicht. Sie gehören zum normalen Programm. Die Verben in der Vaterunser-Bitte machen es deutlich: *»Führe uns« – »erlöse uns«*. Wenn wir in Versuchungen geführt werden, können wir nicht davor ausweichen, wir können nur scheitern oder bestehen. Und »erlösen« heißt, dass wir eine Rettung oder eine Art von Bewahrung erleben können, die wir selber nicht herbeiführen oder bewirken konnten.

Versuchung wird bei Jesus und im Neuen Testament vor allem als ein Mittel gesehen, das der Böse, der Gegenspieler Gottes, sich zu eigen gemacht hat. Dabei gibt es die offene und die verborgene Art der Versuchung. Der Teufel kann sich in einen *»Engel des Lichts«* verstellen (2. Korinther 11,4) oder als *»brüllender Löwe«* (1. Petrus 5,8) attackieren. Frontal und lautstark oder aber hintenherum und auf leisen Sohlen schleicht sich die Versuchung ein. Je nachdem. Der Versucher ist äußerst flexibel und er liefert uns immer allerbeste Gründe und plausible Argumente, um Gottes Weisungen irgendwie zu umgehen. »Einmal ist keinmal.« Ein genialer Satz. Nur leider stimmt er nicht. »Schließlich hat Gott mich so gemacht.« – »Das kriegt doch ohnehin keiner mit.« – »Ehescheidung ist doch gang und gäbe.« – »Das tun doch alle.« – »Leben kann lebensunwert sein.« – »Die Juden sind selbst schuld am Antisemitismus.«

Der Soziologe und Philosoph Jürgen Habermas spricht vom »Verdorren aller normativen Sensibilitäten«. Sünde wird zum Kavaliersdelikt, und das Böse triumphiert. Jesus wehrte sich gegen die Versuchung mit dem Wort Gottes, seiner wirksamen Waffe. Wenn wir wieder sensibel für die Norm werden wollen, dann müssen wir das Wort Gottes lesen, studieren, ernst nehmen und leben. Und Jesus lehrt uns zu beten: *»Und führe uns nicht in Versuchung, sondern erlöse uns von dem*

Bösen.« Das ist ein Ruf aus der Tiefe um Gottes Beistand und Bewahrung. Wir müssen vor der Versuchung nicht in die Knie gehen, sondern wir dürfen auf die Knie gehen. Gebet ist ein wirksames Mittel gegen die Versuchung, vielleicht das wirksamste. Satan flieht, wenn er Gottes Kinder beten sieht. Seinen verschlafenen Jüngern sagte Jesus: *»Wacht und betet, dass ihr nicht in Versuchung fallt.«* Ja, das ist der Weg. Das Wort und das Gebet machen uns standhaft. Wir können erfahren, dass es wahr ist, was Jakobus schreibt (1,12a): *»Glücklich ist, wer die Versuchungen besteht und im Glauben festbleibt!«* Dieses Glück wünsche ich uns.

Anbetung

Matthäus 6,13b

Die frühere EKD-Ratsvorsitzende Margot Käßmann antwortete in dem Magazin *Cicero* auf die Frage »Wie würden Sie Ihre letzten 24 Stunden verbringen?«: »Am Ende meiner 24 Stunden ziehe ich mich allein zurück, entzünde eine Kerze und bete das Vaterunser, ein großartiges Gebet, mein letztes Gebet.«

Ich weiß nicht, was mein letztes Gebet sein wird – wer kann das schon sagen? –, aber das Vaterunser ist ein großartiges Gebet. Ein Gebet, so hat es Helmut Thielicke genannt, »das die Welt umspannt«.[1]

Es ist ein Gebet, dass uns sicher auch schon Trost und Halt gegeben hat. Es ist das Gebet, das Jesus uns lehrt. Und kein anderer als er ist mit seinem Leben und Sterben der Garant dafür, dass es einen Vater gibt, den wir anreden können. Einen Vater, mit dem wir im Gespräch sein dürfen; der sich nicht verweigert und sich nicht verschließt, sondern der uns seinen innigsten Namen gegeben hat, damit wir vertrauensvoll mit ihm sprechen.

Das Gebet, das Jesus uns gelehrt hat, ist keine Methode, um Gottes Gegenwart herbeizuzwingen, sondern es ist die Reaktion auf seine Gegenwart. Das Ziel dieses Buches ist es, uns ein klein wenig in die Tiefe und Weite dieses Gebets mit hineinzunehmen.

Das größte Bedürfnis von uns Menschen ist doch, Gott zu begegnen. Manchmal öffnet mir ein Gebet dafür den Blick. Gott ist bereits gegenwärtig in meinem Leben und in allem, was um mich herum vorgeht. Das Gebet gibt uns die Gelegenheit, auf diese Gegenwart zu antworten.

Das Vaterunser ist nicht nur ein Gebet, es ist noch weit mehr. Wie ein gutes und tiefes Gespräch mehr ist als ein Gespräch. Es hat Auswirkungen. Es wird zu einer verändernden Kraft. Es beeinflusst mein Denken, vielleicht auch meine Gefühle und wahrscheinlich auch meine Entscheidungen. Wenn schon das Gespräch mit einem Menschen solche Auswirkungen haben kann, wie viel mehr das Gespräch mit dem ewigen, allmächtigen und heiligen Gott! Es kann nicht spurlos an mir vorbeigehen. Wenn wir Gott anreden und ihn bitten, dann wird er uns zuhören. Wenn ich ernstlich bete, wird das Gespräch mit Gott zu einer Lebenshaltung, die tief in mein Leben hineingreift, es ordnet und auf Wesentliches konzentriert.

Der uns so vertraute Schlussakkord *»Denn dein ist das Reich und die Kraft und die Herrlichkeit in Ewigkeit. Amen«* fehlt in den ältesten Handschriften des Neuen Testaments. Es ist ziemlich sicher, dass dieser Lobpreis kein Teil des von Jesus gelehrten Gebetes war. Dieser aus einer altkirchlichen Liturgie übernommene Ausklang wurde nachträglich in einer Reihe von Handschriften an den Text des Vaterunsers angehängt.

Nun war es im Judentum üblich, ein Gebet mit einem Amen oder gar mit einem Lobpreis abzuschließen. Vermutlich wurde der Schlussgedanke des Vaterunsers nach 1. Chronik 29,11–13 gebildet: »*Du, Herr, besitzt Größe, Kraft, Ruhm, Glanz und Majestät. Alles, was im Himmel und auf der Erde lebt, ist dein. Du bist König, der höchste Herrscher über alles. Du verleihst Reichtum und Ehre, du allein bist der Herr. In deiner Hand sind Macht und Stärke; du kannst Menschen groß und mächtig machen. Darum preisen wir dich, unseren Gott, wir loben deinen herrlichen Namen!*« So hat David damals gebetet. Gut möglich, dass der Jüngerkreis in Palästina sich bei der Formulierung daran angelehnt hat.

Überhaupt ist die Geschichte mit dem »fehlenden« Schluss ein interessanter Fall. Denn daran sehen wir, dass die mündliche apostolische Tradition zwar später in viele Handschriften eingefügt wurde, sich aber in den wichtigsten Handschriften nicht durchsetzen konnte. Und das, obwohl sie ja nichts Falsches enthielt und sogar auf einen alttestamentlichen Text zurückgeht. Aber man war eben sehr darauf bedacht, dass die Worte von Jesus vor jedem Zusatz bewahrt wurden. So betrachtet ist die Geschichte des Vaterunser-Schlusses auch ein bestechendes Zeugnis dafür, dass die Reinheit des biblischen Textes bei der Entstehung des Neuen Testamentes absolute Priorität hatte. Und mit Recht ist dieser Schluss deshalb in den allermeisten Bibelausgaben als späterer Zusatz gekennzeichnet.

Trotzdem lohnt es sich, diese Textpassage genauer anzuschauen. Denn der Schluss macht deutlich, dass wir trotz aller Bitten, die wir bei Gott abladen, Grund genug haben, Gott zu loben und zu preisen.

Der Lobpreis beginnt mit dem Wörtchen »denn«: *»Denn dein ist das Reich und die Kraft und die Herrlichkeit in Ewigkeit.«* Dieses Eingangswort begründet alles Vorangegangene. Damit wird noch einmal unterstrichen: Weil die Königsherrschaft, die Kraft und die Herrlichkeit unkündbar Gott gehören, darum hat er auch die Macht, uns zu hören. Weil er regiert und von niemandem abhängig ist; weil er die Kraft hat, das, was er beschließt, auch zu tun, darum kann er uns das tägliche Brot ebenso geben, wie er uns die Schuld vergeben kann. Vielleicht müssen wir dieses Lob Gottes neu einüben.

Wie kommen wir dahin? Anbetung beginnt nicht mit Worten. Bevor uns ein Wort über die Lippen kommt, dürfen wir staunen, stauen über das, was Jesus in unserem Leben tut. Anbetung beginnt mit dem Staunen über Gottes Macht und Kraft und seine Größe. Und das muss uns immer wieder neu geschenkt werden. Vor einiger Zeit haben wir in unserer Gemeinde miteinander wie schon so oft das Abendmahl gefeiert. Ich habe es ausgeteilt wie immer. Als dann aber ein Bruder in seinem Gebet dafür dankte, dass Gott alle unsere Sünden ans Kreuz genommen und uns komplett vergeben hat, da packte diese Tatsache nicht nur meine Gedanken, sondern mir lief es eiskalt über den Rücken – plötzlich wurde mir so bewusst, was es heißt, einen Gott zu haben, der einem alle Schuld und alles Versagen abnimmt.

Hier am Ende des Vaterunsers wird nicht mehr der Vater angeredet, sondern der ewige Herrscher in seiner ganzen Machtfülle.

»Denn dein ist das Reich.« Hier klingt noch einmal die zweite Bitte an: *»Dein Reich komme.«* Das Reich, um dessen Kommen wir beten, ist kein Vakuum, es ist gefüllt mit Gottes Liebe und Wahrheit, mit Gerechtigkeit und Gnade. Es ist ein Reich, das regiert wird. Ein Reich, in dem Herrschaft und Autorität ausgeübt werden. Allerdings hat es eine ganz andere Gestalt als das, was wir sonst mit Herrschaft, Weltreich oder Weltmacht verbinden. *»Mein Reich ist nicht von dieser Welt«*, sagt Jesus »ausgerechnet im kritischsten Augenblick seiner Erdengeschichte, nämlich vor Pontius Pilatus«.[2] Und obwohl es nicht von dieser Welt ist, besteht und wächst es mitten in der Welt, und das schon länger als jedes irdische Reich. Jedes andere Weltreich wird vergehen, das hat Daniel bereits in seiner Vision von den Weltreichen geschaut. Aber Gottes Reich, das Reich des Menschensohnes, wie Jesus es in seinen Gleichnissen nannte, ist eine ewige Herrschaft. Es ist schon da und doch kommt es erst noch und es bleibt ewig bestehen. Es ist ein Reich, *»das die Pforten der Hölle nicht überwinden können«* (Matthäus 16,18).

Unser Herr hat vom damaligen Machtzentrum in Rom keine Einladung erhalten. Die Mächtigen in Rom nahmen keinerlei Notiz von ihm. Das einzige Mal, als Jesus eine Einladung von einem halbwegs Mächtigen erhielt und einen Provinzpalast in Jerusalem betrat, wurde er gefesselt vorgeführt. Er war – scheinbar – machtlos. Und doch predigte Jesus von einem Reich, das größer und beständiger sein würde, als alle Reiche dieser Welt es je gewesen sind.

Wir dürfen mit unserem Leben ein kleiner Teil von diesem gewaltigen Reich sein. Jedenfalls hat Jesus uns dazu eingeladen. *»Denn dein ist das Reich.«* Damit drücken wir aus: »Dir gehört die Herrschaft.« Damit bekräftigen wir: »Du bist der Herrscher! Wie froh bin ich, dass du regierst, dass du die Fäden in der Hand hältst, dass du diese Welt in deiner Hand hast.« Wenn ich das begreife, kann ich Gott anbeten, kann ich ihm zujubeln, weil ich weiß, ich bin in besten Händen, nämlich aufgehoben in Gottes Hand.

Als Kind Gottes darf ich heute schon in der Geborgenheit dieses Reiches leben. Und ebendarum erschöpft sich unser Gebet nicht in Bitten.

»Denn dein ist das Reich und die Kraft.« Um in einem Reich zu herrschen, braucht man Kraft. Eine Führungsaufgabe kostet Energie. Es ist schon anstrengend, eine Familie zu managen. Beziehungen geben uns nicht nur Kraft, sie fordern sie auch. Hier steht das Wort *dynamis* (von dem unser Wort Dynamit

stammt), das Vermögen, Stärke, Körperkraft bezeichnet, weniger die Macht im politischen Sinn.

Gott ist die Grund- und Urkraft, die diese Welt erhält. »Mit unsrer Macht ist nichts getan«, bekennen wir in einem alten Lied. Ja, unsere Kraft ist schnell aufgebraucht. Wenn sie nicht erneuert wird, steht es bald schlimm um uns. Sie ist ein Geschenk. Geistige Kraft, Kreativität, seelische Stärke. Wir kennen wahrscheinlich alle nur zu gut Tage, an denen wir diese Kraft nicht hatten. Tage und Stunden, wo wir wirklich »down« waren, ganz unten. Wenn ich mit diesem Lobpreis Gott anbete und ihm sage: *»Dein ist die Kraft«,* dann sage ich ihm: »Ich bleibe gerne von dir abhängig. Du kannst mir von dieser Kraft geben, ja du willst mir sogar von deiner Kraft schenken.« Sie kommt in Schwachheit zum Ziel, wie Gott es seinem Apostel Paulus gesagt hat (2. Korinther 12,9). Wie viele haben diese Erfahrung gemacht und die Kraft Gottes erlebt, gerade in Schwachheit und Ohnmacht. Ja, Gott hat uns mit einem Geist der Kraft beschenkt.

»Denn dein ist das Reich und die Kraft und die Herrlichkeit.« Gott gehört alle Herrlichkeit, denn er ist der große, herrliche Gott. Wo sehen wir etwas von dieser Herrlichkeit Gottes? Wenn ich ehrlich bin, muss ich sagen: In meinem eigenen Leben sehe ich zu wenig davon. Ein Zerrbild, ein Bruchstück allerhöchstens. Wo sehen wir etwas von der Herrlichkeit Gottes? Natürlich in seiner Schöpfung, aber davon will ich jetzt

nicht reden. Wir sehen sie zuerst an Jesus. Der Jünger Johannes sagt: *»Wir sahen seine Herrlichkeit!«* Ich kann nur etwas von Gottes Herrlichkeit wahrnehmen, wenn ich mich auf Jesus einlasse. Denn seine Herrlichkeit ist eine verborgene. Paulus schrieb den Korinthern von dieser Wahrheit (1. Korinther 2,7.8): *»Und doch hat Gott, noch ehe er die Welt schuf, beschlossen, uns an seiner Weisheit und Herrlichkeit teilhaben zu lassen. Von den Herrschern dieser Welt hat das keiner erkannt. Sonst hätten sie Christus, den Herrn der Herrlichkeit, nicht ans Kreuz geschlagen.«*

Jesus ist der Herr der Herrlichkeit. Wenn er unser Herr wird, hält auch seine Herrlichkeit in unserem Leben Einzug. Sie färbt auf uns ab, sie verleiht unserem Leben Glanz. In Jesus beschenkt mich Gott mit Würde und legt ein kleines Stück von seiner Herrlichkeit in mein armes Leben.

Mit Jesus gewinnen wir unsere verloren gegangene Herrlichkeit wieder zurück. Als die Krone der Schöpfung hatten wir sie verloren. Paulus sagt in Römer 3,23: *»Alle haben gesündigt und die Herrlichkeit Gottes verloren.«* Das ist die Verlustgeschichte, an der wir Anteil haben. Wir haben verloren, was uns geschenkt wurde. Wir haben in unsrer Naivität das, was Gott uns geschenkt hat, gegen Wertloses eingetauscht. Der Apostel sagt (Römer 1,23): *»Sie vertauschten die Herrlichkeit des unvergänglichen Gottes mit Bildern, die einen vergänglichen Menschen […] darstellen.«* Doch Gott schwieg nicht dazu. Er sandte Propheten zu seinem Volk, die ihm dieses schlechte Tauschgeschäft vor Augen hielten. Jeremia predigte im Auftrag Gottes (2,11): *»Hat je ein Volk seine Götter vertauscht? Dabei sind es nicht einmal Götter. Mein Volk aber hat seine Herrlichkeit gegen unnütze Götzen vertauscht.«*

Das war und ist die Realität unseres Lebens. Für die Herrlichkeit Gottes ist kein Platz. Wir haben die eigene Herrlichkeit vorgezogen. Aber Gott hatte eine rettende Idee. Diesmal wollte er keinen Propheten schicken, jetzt würde er selbst durch seinen Sohn Jesus zu uns kommen und uns seine Herrlichkeit bringen. Mit diesem Paradigmenwechsel, ja mit diesem Paukenschlag startet der Hebräerbrief: *»Nachdem Gott vielfältig und auf vielerlei Weise ehemals zu den Vätern geredet hat durch die Propheten, hat er am Ende der Tage zu uns geredet im Sohn […], durch den er auch die Welten gemacht hat. Er ist der Abglanz seiner Herrlichkeit und das Abbild seines Wesens.«* Gott gab alles her, was er hatte, um uns wieder ein Stück Herrlichkeit zu bringen.

Haben wir Sehnsucht nach dieser Herrlichkeit? Mose hatte einmal den Wunsch, ihr zu begegnen. Als das Volk um das Goldene Kalb getanzt hatte und Gott entschlossen war, nicht mit seinem Volk in das verheißene Land zu ziehen, da wurde in Mose das Verlangen wach, Gottes Herrlichkeit zu sehen. Es war der Wunsch, Gott zu sehen, ihn zu erleben, von seinem Wesen berührt zu werden, etwas von seiner Herrlichkeit zu spüren, vielleicht weil er hatte erleben und mit ansehen müssen, wie sich das Volk, das er führte, von dieser Herrlichkeit abgewandt hatte.

Kennen wir auch diese Sehnsucht? Möchten wir nicht manchmal einfach überwältigt werden von Gottes Wesen?

Hier beten wir: *»Denn dein ist das Reich und die Kraft und die Herrlichkeit.«* Johannes schreibt in seinem Evangelium (2,11): *»Jesus offenbarte seine Herrlichkeit, und seine Jünger glaubten an ihn.«* Wenn Gottes Herrlichkeit offenbar wird, weckt und vertieft sie Glauben. Wenn von Gottes Herrlichkeit nichts spür- und sichtbar wird, dann können Menschen auch nicht vertrauen. Wie sollten sie auch? Und umgekehrt gilt: Wenn ich Jesus vertraue, wenn ich ihm glaube und ihn beim Wort nehme, dann werde ich auch seine Herrlichkeit sehen; dann wird seine Majestät und Größe mich ins Staunen versetzen. Jesus sagte zur Martha am Grab des Lazarus (Johannes 11,40): *»Wenn du glaubst, wirst du die Herrlichkeit Gottes sehen.«*

»Denn dein ist das Reich und die Kraft und die Herrlichkeit in Ewigkeit. Amen.« Mit *»in Ewigkeit. Amen«* bekennen wir: »Gott, dein Reich ist nicht irgendwann zu Ende. Deine Kraft ist nicht irgendwann erschöpft. Und deine Herrlichkeit ist nicht irgendwann verblasst. Nein, weil du ewig bist, ohne Anfang und ohne Ende, kein Teil der Schöpfung, sondern der Schöpfer – weil du so bist, ist auch dein Reich ewig, deine Macht un-

begrenzt, grenzenlos und unaufhörlich, und deine Herrlichkeit bleibt ewig.« Wir bekennen mit Mose in Psalm 90: *»Du bist, Gott, von Ewigkeit zu Ewigkeit.«* Mehr geht nicht. Und weniger wird nicht.

Und dann sagen wir: *»Amen!«* Und unterstreichen so noch einmal: »Ja, so ist es! Und so wird es bleiben! Du bist unser Vater. Amen. Dein Name, dein Reich und dein Wille stehen und bleiben bestehen. Amen. Du gibst uns Brot und nimmst uns unsere Schuld. Amen. So ist es. Und du erlöst uns von dem Bösen. Das gilt. Amen.«

So ist am Ende des Gebets, das Jesus uns gelehrt hat, der Blick ganz von uns weg auf ihn, den Herrscher, gerichtet. Ihn beten wir an. Wir öffnen uns ihm, wir sehen ihm, dem Kommenden, entgegen. Wir erwarten alles Entscheidende von ihm – bis zum letzen Atemzug oder bis er kommt.

Anmerkungen

[1] So der Titel seines Buches *Das Gebet, das die Welt umspannt. Reden über das Vaterunser aus den Jahren 1944/45,* Stuttgart 1945; zahlreiche Nachauflagen.

[2] Helmut Thielicke, Das Gebet, das die Welt umspannt. Reden über das Vaterunser aus den Jahren 1944/45, Taschenbuchausgabe, Stuttgart 1980, S. 157.